因為
這是你的人生

蔡康永的情商課2

蔡康永——著

康永的序

我們怎麼判斷一個人活得好不好？
最簡單的判斷標準就是：看這個人活得有沒有選擇。

被問到想吃麵包還是油條時，可以回答不餓，暫時都不想吃；被問到喜歡伴侶比自己高還是矮時，可以回答高矮沒關係，談得來比較重要。這些回答就表示我們有選擇，不只二選一，而且可以選擇要或不要，我們的意志得以實現，我們可以感受到擁有選擇所帶來的幸福。

你可能聽過這個嘲笑商人的小故事：

一個商人去了某個小島出差，他在小島的海邊遇到一個漁夫，這漁夫的船很小、捕到的魚也很少，但漁夫不在意，懶洋洋的躺在船頭享受陽光海風。

商人發現魚這麼多漁夫卻這麼懶，忍不住職業病發作開始為漁夫規畫：如何向銀行借錢來添購設備、成立捕魚船隊，然後就可以整合上下游、多角化發展等等。

「然後呢？成立了大公司、賺了大錢之後呢？」漁夫問。

「然後？然後你就可以退休，找個漂亮的小島，整天悠哉的享受陽光與海風啦。」商人說。

「我現在就已經在過這樣的生活了啊。」漁夫笑著說。

這個小故事擺明了要講商人是笨蛋，漁夫是智者。

商人辛苦奔忙那麼多年，最後得到的無非是漁夫早已在享受的生活。

這個故事當然能打動不少為工作所苦的人，但這個故事沒提到一件很重要的事。

如果漁夫依照商人的建議，奔忙多年，也幸運的賺到了錢再退休，所換到的生活真的只是跟漁夫本來的生活一樣嗎？

當然很不一樣。

不一樣的地方在於：漁夫人生的選擇，會比原來多得多。

漁夫目前雖然悠哉，但誰也不知道他心中是否偷偷在忐忑：他其實已經提早把他的選項用掉了，他選擇不要忙於賺錢，他要悠哉度日。這個選擇不勞我們來評價好壞，漁夫自己高興就好。

但是每個選擇，都會使我們之後的選擇變更多或變更少。你會翻開這本書，也是一個選擇：好奇是否人生有更多的可能，而我作為作者，當然也是為了令看書的人，能一步一步累積更多的選擇，才有動力寫這麼多字啊。如果每讀一頁就關上一扇人生的門，這種書寫來幹嘛呢？漁夫目前選擇悠哉度日，把接下來的門關上了好幾扇，漁夫之後如果靜極思動，可能沒預算離開小島、沒能力轉行。（除非他竟然撈到一箱沉在海底的古董，或是水中冒出女神，問他是不是掉了金斧頭還是銀枕頭……）

努力賺錢的人，未必有什麼高尚的目標，大家無非只是想給自己多一些選擇而已：選擇住的地方，選擇吃的東西，選擇生活的方式。

為什麼要那麼辛苦，只為了多一些選擇？

因為有得選擇，是感覺幸福的基礎。

沒得選擇的時刻，永遠是我們最鬱悶的時刻。

想翹課不能翹課，想辭職不能辭職，想離婚不能離婚……只要沒得選擇，我們就會感到身不由己的痛苦。

我們被生出來是沒得選擇的，我們最後會死也是沒得選擇的，在這生與死的兩端之間，我們渴望給自己多一些選擇。

這本書講的，是只要你起心動念，不必辛苦奔忙，就能如泉湧一般多出來的人生選項。

這些多出來的選擇，並不要求我們拚命去賺錢（當然，講賺錢的書，也輪不到我來寫就是了。而且，拚命去賺錢，人生能多出多少選項，但同時又會失去多少選項，其實很需要盤算的）。

沒有所謂的別人，就沒有所謂的自己

從頭到尾完全自己一個人的人生，是不可能的。我們想完成的所有事，從馬桶沖水到生孩子，只靠自己的話，馬桶沖不下去，孩子也生不出來。

拿筆想畫一個圓，在圓形畫成的那一瞬，就勢必會同時出現圓形的裡面跟外面。沒有外面，就沒辦法有裡面，也就沒辦法形成那個圓。

這個世上，沒有所謂的別人，就沒辦法形成所謂的自己。

即使是人們出於需要而形成的各種造物主、各種神明，再怎麼神通廣大，也沒辦法自己一個人獨活，也還是需要有相信祂們的信徒，這些神明才可能存在。

所謂離開俗世的出家人，許願要度化眾生，那也要有眾生，出家人才有對象可以度化。

世上任何物種，如果只剩最後一隻，那很快這個物種也就滅絕。

沒有別人，可不只是沒了水電交通醫療美甲店以及麻辣鍋，而是這一生就註定永遠沒了可說話的對象，沒了被認識的可能，沒了被需要的機會，沒了愛人與被愛。

既然沒有別人就無法有自己，那就無可迴避的剩下一件事：如果真心想要「做自己」，我們一定是在別人環繞之下做自己，而不是搭火箭到空無一人的火星上去做自己。

做自己的人，人際關係是這樣的：

是由你來引導別人如何看待你，而不是你被迫接受別人的看待。

是想要獨處的時候才獨處，而不是被迫一個人孤單。

是恰如其分的理解別人對我們的評價，而不是照別人的意思而活。

這些就是活著的重要選項，聽起來平凡，但生活過就知道，能活成這樣，需要一些本事。但這些選擇權，值得我們努力，一旦能擁有了這些選擇，我們才有機會決定自己在世上的座標，決定要怎麼樣在別人的影響之下，依然能做自己。

不能等別人心情好時，把這些選項賞賜給我們，這些選項本來就該由我們為自己製造出來。我們能吃能拉、能自行製造出生活所需的能量，當然也就能製造出這些本來就屬於我們的選項。這是本書的信念。

不用期待別人是天堂，但要能成全我們「做自己」

本書所建議的，為我們自己製造選擇的方式，可以說開始就下一秒開始，不必報名學外文學詠春，也不用考執照籌資金，書中建議的，全都是信手可以拈來的日常之事，既不神祕、也不困難，唯一需要的，就是我們能鼓勵自己放開來想像，放開來感受我們與別人的關係。

人生既然一定要有別人，當然就要把別人搞定，接著才能搞定人生。不要自暴自棄的去跟一些容易被搞定的人混在一起，而是反過來，找到值得在一起的人，想辦法把他們搞定，開放的去想像去感受他們會為什麼可能進入我們的人生、會帶給我們什麼、又會從我們得到什麼、他們適合在我們的人生待多久、我們適合在他們的人生待多久，等等。

作家沙特說過一句廣為傳誦的名言：「別人是地獄」。這話之所以廣為傳誦，應該就是因為很多人有共鳴，我們的生活是既時時離不開別人，卻又常常受不了別人，於是別人成了地獄。

但天堂或地獄，說穿了都是一念之間的事，懷抱著錯誤且不必要的期望，當然就會遭受混亂又不必要的失望。樸素一點，不要期待別人是天堂，也不用把別人當地獄，乾淨簡單的、把別人就當成別人。自己以外的人，就是別人。我們需要別人，但我們更需要在別人的環繞之下，依然保有自己。我們需要的別人，是能夠成全我們做自己的那些人（當然，同時我們也要成全對方）。

所有與別人的相處，都是為了讓我們這個僅有的、獨一無二的自己，能夠活得更自在，而不是更委屈。

想像、感受，並且邁出步伐、付諸行動去安排我們與別人的關係，我們才有機會住進內心那個柔和又堅固的居所：「做自己」。

體會活著的美好，不可能是依賴那些別人硬塞給我們的、根本感受不到的、各種虛構硬編的「意義」。活著的美好，只能靠感受。一個情商高的人，能令別人感到「如沐春風」，春風沒有明確的任務、沒有特定的企圖，春風既不是來拍人馬屁、也不是來壓人跪地的。春風是一種存在的方式，要成為一陣一陣的春風，有各種形成的條件。我希望你能在這本書裡，找到一些適合你的條件，漸漸的，你找到一些令你如沐春風的人，而你自己也成為一個令人如沐春風的人。（到時，我可就羨慕你了……）

你要活得自在，這不用任何人解釋任何理由，因為啊，這是你的人生。

Club

Part-1
你的人生不是易開罐

Part-2
朋友是你人生的參考座標

Part-1
你的人生不是易開罐

1. 別人越有機會幫你，就會越愛你

挑3C要功能完備，但沒人想要一個完美的人當朋友。

我沒有很喜歡「順其自然」這四個字，我相信你也不至於熱愛這句話，只有想不出辦法、已經無事可做時，我們才說「順其自然」「隨緣吧」。我們穿衣打扮可不會順其自然，路邊撿到什麼就乖乖拿來穿。**我們會選適合的衣服，對於環繞身邊的人，我們當然也要挑選適合我們需求的人，而不是隨便順其自然的、就把自己的人生給打發了。**

一開始，我想跟你一起研究一下，怎麼認識你想認識的陌生人。

如果「認識陌生人」也算一種能力，那你早就具備這種能力了。要不然你到現在認識的這麼些人，都是哪裡冒出來的？總不可能都是在娘胎裡就認識好了的？

只是，曾幾何時，我們認識人的能力退化了，我們認識的人，幾乎都是為了生活上必須有接觸，而不得不認識的人。

但真正重要的能力，不是去認識這些順便認識一下、或是不得不認識的人，而是去認識我們感覺值得認識、感覺想認識的人。

在這本書的一開始，我們來一步一步的溫習我們從小就具備的這個能力吧。我在書裡開設了一個酒吧，當作我們可以放鬆一點的實驗室。在這個酒吧裡，我們一起來舒展筋骨、探尋自己在世界的位置吧。

長相平淡沒關係，有亮點就有人搭訕你

有的人長相讓人留下深刻印象，有的人長相則如同水泥牆上的雨痕、讓人無法留下印象，這確實很不公平。然而，是誰告訴你有公平這回事的？

酒吧的門打開，走進來一位長相很整齊、但也很平淡的小姐。

酒吧燈光本來就夠暗了，如果再長得很平淡，就連水泥牆上的雨痕都不會有人看見了。

照理說，整齊小姐應該不會引起太多人注目，可是沒想到，整齊小姐緩緩走向吧

台，一路上卻有不少人望向她的背影。

今天在吧台輪值的是長得好看的酒保，酒保當然也算服務業，可是這位酒保如同大部分好看的人，雖然不至於故意傲慢，但終究自動散發傲慢氣息。平常他對於不起眼的客人不會失禮，但也就是酷酷的沒什麼反應，不過即使是他，也忍不住在整齊小姐坐下來的時候，偷瞄了她的背部一眼。

你一定以為整齊小姐的背後衣服挖了一個大洞，一直挖到尾椎處，或者是她肩上攀著一個找酒喝的微型土地公，對吧？

不對，衣服沒有挖洞，只不過是衣服的原廠吊牌沒有拆掉。撲克牌大小的吊牌，很顯眼的在整齊小姐的頸子後方懸掛著，晃來晃去，連標價被畫掉之後顯示的打折價，都看得很清楚。

整齊小姐本人顯然完全沒有察覺這件事，她點了一杯柯夢波丹，拿在手上晃啊晃，她沒有想到第一個跟她搭訕的，是旁邊坐的捲髮女生。

「呃……這件衣服現在已經打六折了哦？」

整齊小姐很吃驚。

「你怎麼會知道打六折？你也買了同一件嗎？」整齊小姐問。

「我沒買，可是我知道啊，原價兩千，六折之後一千二。」

「所以，你在那家店工作？」整齊小姐問。

「也不是，是你這件衣服的吊牌很大，上面的價錢看得一清二楚。」

捲髮女生拉了拉吊牌，整齊小姐才發現，兩個人同時哈哈大笑。

兩個人就這樣邊喝邊聊天，過了半個鐘頭，整齊小姐約好的另外一位朋友也到了酒吧，三個女生就聊得更熱鬧了。

不費吹灰之力就讓人認識你、喜歡你

認識新朋友很難嗎？

有點難，但是有方法。

整齊小姐做了幾件事，都有助於認識新朋友。

首先，她選擇了加入一個對的地方。酒吧聚集了東張西望、不甘沉悶的人，而且酒精有助於大家卸下心防，比平常親切（比起來，如果選擇去電影院。第一，電影院太黑，就算你七孔流血，也沒什麼人會注意到；第二，大家都在看電影，誰跟你東張西望，除非你選的是超級冷門的藝術片，整個電影院只坐了你跟他兩個人，電影本身又常常五分鐘都沒發生什麼動靜，這樣也許還有機會互相多看兩眼）。

其次，她安排了一個對的時間。雖然她有約朋友，可是她比朋友早半小時抵達，也就是說，她起碼有半小時是孤單獨處的（有些女生在學校，連上廁所都喜歡拉著朋友一起，這樣雖然在廁所遇到冤魂鬼娃娃的時候有個伴，但也就堵住了跟另一個落單的人交流的機會）。

地點跟時間都很不錯，再來，新買的衣服的吊牌露出來，發揮了很重要的兩個功能，這兩個功能都有助於讓陌生人認識你。

第一個功能是引起注意。你一定也有經驗，衣服裡外穿反了，有人會提醒你或是開兩句玩笑。臉上黏了飯粒，腿上打了石膏，也都能引發同樣的效果。當然，微妙的是，這不是整齊小姐故意的。如果你覺得衣服吊牌未免也太小，別人容易錯過，你就故意在身上布置一個顯眼的東西。如果是在肩膀上放一隻黑鳥的標本，這還算低調，可是如果像我的節目搭檔小S所建議的，在肩膀上扛著媽媽，這樣就太故意了，酒吧裡的人當然會嚇到，除了驅魔道士，可能交不到其他新朋友。

衣服的吊牌剛好露了出來，而且還夠大，這是可遇而不可求。如果整齊小姐故意讓吊牌外露，她整個人看起來大概不會那麼自然。

那麼，有沒有什麼事是我們可以故意安排，但又不會讓人覺得太刻意的呢？當然有，只要找到適合你的，就不會太刻意，我們可以一起來找找看。

衣服吊牌外露，另外還發揮了一個功能：**提供了別人日行一善的機會，能夠讓別人不費吹灰之力，就感覺到幫助了人、感覺到做了好事是個好人，令人自我感覺良好，這**

一招是讓別人願意跟你相處的、不露痕跡的無相神功。

（我主持節目時，常問非常無知的問題，一方面是很多事我真的無知，另一方面來賓輕易解答了我的困惑，會感覺他幫助了可憐的我，接下來會懷著慈悲的心，對我很和氣。）

朋友能聊心事，還能隨時換新

不管在實體世界或虛擬世界，都值得認識新朋友的。

因為朋友能夠提供的情感支持，其他的人際關係提供不了：家人提供不了，同學提供不了，同事提供不了，伴侶也提供不了。

在大部分時候，我們根本沒有期望家人、伴侶或同學同事可以變成最好的朋友，如果這些人同時具備了朋友的身分，那是運氣好、賺到。

不信的話，你想一下，如果有人的介紹詞是：「他是我先生，同時也是我最好的朋友。」「她是我女兒，同時也是我最好的朋友。」「他是我同事，同時也是我最好的朋友。」這都會讓被介紹的人感覺非常的欣慰，自己竟然除了原本的身分之外，還被當成最好的朋友看待。這樣的介紹詞，也會讓聽見的人感到很羨慕。

很多心事，我們只會告訴朋友，不會告訴爸媽或伴侶。

如果已經對家人感覺到失望，就會分外珍惜朋友這種人際關係：起碼朋友是可以換的，人生不同階段可以有不同的朋友，隨時可能交到新的朋友。而家人就沒辦法，不能選擇，不能換。

歪歪腦袋，竟能讓人樂於親近你？

如果覺得自己很難認識新朋友，可以參考整齊小姐的作法。

首先選個地點，是有興趣交朋友的人聚集的地方。除了酒吧之外，還可以考慮：學校的課外活動社團、聽演講的場所、球場、公園、各種非學校的教室（烹飪、舞蹈、品酒……）、各種互助團體、大眾交通工具上，反正大部分是非關生存，而是與樂趣或學習有關的聚會場所。

然後呢，要散發出願意認識人的氣氛，除了顯露出自己是一個人落單之外，當然也包括樂於與人接觸的表情。

什麼是樂於與人接觸的表情？除了人人都知道的微笑（千萬不要是假笑）之外，另外有兩個表情來自FBI的心理學專家所傳授：一個是略微歪歪腦袋，也就是讓頭部別那麼直挺挺的，變斜一點。據說歪歪腦袋是把脆弱又至關重要的頸動脈袒露出來，非常符合動物向對方示好的原則（不過說實話，電影裡的迅猛龍打算吃掉獵物之前，也會歪著腦袋打量一番，然後一口咬下……哎呀反正你試試看也不會骨折，萬一有用就賺到了）。

微笑以及歪腦袋，現在就可以對鏡子練習。然後呢，ＦＢＩ專家說，有一個非常少人會察覺的表情，就是快速而輕微的挑一下眉毛。專家說，我們可以觀察任何人，對另一個人有好感的時候，眉毛一定會動一下。你觀看節目的時候，不妨觀察一下主持人與來賓的眉毛。以我的經驗，眉毛完全不會動的來賓，確實會讓主持人深感挫折。我有位朋友，一度在額頭打了太多肉毒桿菌，結果她發現，那一整個星期她的公司裡氣氛都很沉重。她有一天實在忍不住問了她的祕書，結果祕書說，全公司的人都以為她每天進辦公室的時候都已經瀕臨發脾氣的邊緣，所以大家皮都繃很緊，沒有人敢惹她。我朋友非常意外，她不可能每分鐘照鏡子，所以她不知道自己整個星期眉毛都不動，眼角也完全不出現笑紋，看起來就是從墳墓中爬出來之後心情很差，令人只想躲得遠遠的。

反正無論如何，**多拓展自己的表情**，**讓自己習慣有表情**。我遇過不少人，在聽人聊天或是開會時都毫無表情，這樣的人很容易下次派對就被排除在名單之外，有時更會把老闆激怒到跳起來大吼：「你到底有沒有在聽我說話！」**安於沒有表情的人，感情路與人生路都堪慮**。

耍小心機有助於交友

至於整齊小姐身上那個意外翻出來的衣服吊牌，它所發揮的兩個功效，我們把它分開來說。

第一個功效，是引起在場的人的好奇，並且留下印象。如果你允許自己耍一點小心機，那麼，可以貼上以假亂真的刺青貼紙、自己動手給耳機或指甲加工、左右腳穿上不成對的鞋子、在背包裡塞一個會冒出半截的新買的娃娃……也許這些對你來說是耍了一點小心機，可是對於平日愛打扮的人來說，這都只不過是比較有風格的打扮而已。說白了，任何打扮本來就都是小心機。誰能夠像灰姑娘那樣，自己儘管裝清純，卻由一群小鳥飛進屋來幫你把華服穿上，還誇張到穿了天下唯一連公主都沒見過的水晶高跟鞋。

如果你實在非常抗拒在打扮上搞花樣，那就在行為上透露出某一種生活習慣也行：在車上看某一本很有態度的書、牽隻愛撒嬌的狗進公園逛、腳踏車的籃子裡用鐵鍊捆好一株神祕的盆栽，或者雖然沿途路況根本溜滑板會摔死，但還是夾著滑板走路。

所有的這些，都是無聲的呼喚，呼喚有著同樣特質或態度的陌生人對你感興趣，注意到你的存在。

同樣特質、同樣態度，常常是友誼的基礎。兩人如果都知道某款手機的某個隱祕功

能，或者都討厭同一個倒楣的明星，都可能是一段友誼的開始。

讓人舉手之勞幫到你，順便喜歡上你

整齊小姐的衣服吊牌還有一個對陌生人潛移默化的功能，就是：身上一個小破綻，使你成為暫時的弱者，令別人瞬間有了優越感，也就是「幸好老娘沒這麼蠢」的文明說法，別人因此不但注意到你，而且能夠以舉手之勞就幫到你，這樣能使對方對她自己更滿意，而順便不自覺的對你留下好印象。

當我們提醒一個人褲子拉鍊沒拉，或者小心地上那一坨狗屎時，我們會對自己滿意，因為有機會用這麼小的事情來證明，我們挺靠近自己想像中那個好人的。然後很微妙的，我們會對於受幫助的那個人產生友善的好感。就像酒吧裡的捲髮女生拉了拉吊牌，幫助整齊小姐修正了這個破綻之後，兩個人就會同時哈哈大笑聊起天來，形成融洽的氣氛。

不管是弄不清左右方向，還是數錢老是數不清，假睫毛脫落一半，頭髮動不動就翹起來，都是無傷大雅的破綻，陌生人也都幫得上忙。（但讓陌生人替你數錢……）

有時候，明明應該是公務應酬的場合，但如果某個人喝醉了，站不穩甚至坐地上哭，顯露出脆弱的那一面，需要旁邊的人攙扶或照顧，這往往也會引發同樣的效果。

除非是演技精湛的演員，要不然一般人很難自然呈現出無傷大雅的破綻。取而代之的方法，就是給自己來一個需要別人幫點小忙的狀況，請對方教你怎麼用電腦上的一個按鍵，或是為你解釋大蒜跟水仙花的差別。

很多人誤以為，在陌生人面前展現完美的自己，才能引起對方的注意，博得對方的好感。這是誤會。**交朋友跟買東西不一樣，你會精挑細選一個感覺無瑕疵的洗衣機或鑽戒，但你不太會想要跟一個感覺無瑕疵的人做朋友**（除非你這輩子為自己的角色設定就是丫鬟）。

當然，有些破綻絕對妨礙交友：口臭或鼻毛噴出鼻孔，這是陌生人無法幫忙、或者想幫忙也無法啟齒的事。另外，被警車追捕，或者是流著血在地上爬，這種狀況又太嚇人，一般陌生人應該避之唯恐不及，通常只有在好萊塢動作片裡，這種狀況才會剛好遇上超級英雄或今生摯愛。

我知道有些人喜歡逞強、不喜歡示弱，習慣這樣的人，不妨回想一下，到目前為止，**逞強為你帶來的是什麼？又令你失去了什麼？**

認識新朋友很難嗎?
很難,但是也有辦法
兄弟!你的拉鍊沒拉
(羞)
這...其實是我的
小心思
Hi~妳一個人嗎?

2. 朋友是用來陪伴寂寞，不是乖乖聽從你的

令你自在的，才算是友誼；
令你焦慮的，應該是所謂的人脈。

酒吧裡，播放著二十一世紀初的流行歌曲。

酒吧的常客，過氣的節目主持人，隨著一首又一首他熟悉的歌曲，搖頭晃腦，無限陶醉。主持人最活躍的時期，也是在二十一世紀剛開始的時候，這些歌喚起了他的燦爛回憶。

一個穿著尖頭靴與皮夾克、梳著大油頭的男生，似乎發現了這個主持人頗為眼熟，漸漸的靠到了主持人的右邊。

而主持人的左邊，本來就坐著一個戴眼鏡的男生。他做常春藤盟校學生打扮，襯衫加扣子毛衣，始終閉著眼睛，品酒聽音樂，看起來很孤僻，似乎不怎麼想跟別人說話。

「我覺得我看過你……」皮夾克男端詳著主持人。

主持人雖然過氣已久，這種場面還是常發生的。他臉上露出一切都是過眼雲煙的那種謎之微笑，舉杯敬了敬皮夾克男。

「嘿，我知道你是誰了，我很久以前常常看你的節目。」

皮夾克男有點興奮，聲量漸漸變大。

「來來，我敬你，太難得了，在這邊碰到你。你那個節目叫作……叫作……」

皮夾克男在跟主持人碰杯之後，還是怎麼想也想不起來主持人的大名，他露出上廁所上不出來的痛苦表情，拍了拍眼鏡男，眼鏡男感覺到有動靜，困惑的張開了眼睛，看看發生什麼事。

皮夾克男對著眼鏡男，指了指主持人的臉。

「你一定也認得他吧？他以前主持那個節目，叫作什麼、什麼……」

主持人露出無奈的表情，可是他似乎也很習慣這種尷尬，自己報出了節目的名稱。

聽到節目名稱之後，眼鏡男也恍然大悟，立刻也舉杯。

「真的是你耶，現在還常常有人把你節目的片段轉給我看，很強哦。」

眼鏡男竟然還鼓勵的拍拍主持人的肩膀，讓主持人哭笑不得。

「我以前看他的節目，都邊看邊吃泡麵。」皮夾克男對眼鏡男說。

「我都是邊看邊吃整隻的手扒雞，戴著那種塑膠袋做成的手套吃。」眼鏡男說。

這兩個男生就開始熱絡的聊起來了，過氣主持人看看沒自己的事了，悄悄從兩人之間抽身而退，坐到了吧台的最邊邊去。

「我剛剛是不是又當了一次友誼的橋梁？」主持人問酒保。

酒保點點頭，順手倒了一小杯龍舌蘭酒給他，聊表慰問之意。

抱怨朋友「現實」的人，才最現實

如果你想要認識陌生人，可以懷抱這樣的小信念：「我們之間一定有關聯，只是你還沒發現而已。」

聽到對方是律師。「好巧，我從小就想念法律。」

聽到對方念哪家學校。「好巧，我以前搭的巴士都會經過你們校門。」

看到對方在買狗罐頭。「好巧，我有一陣子買不起人罐頭，也都是吃這個牌子的狗罐頭。」（好啦，這句是我亂講的。）

節目、流行歌曲、電影，這些很容易變成大眾共同記憶的東西，也都可以提供陌生人之間的連繫點，也就是所謂友誼的橋梁。在酒吧裡，皮夾克男用一個過去的節目當連繫點，就連繫上了本來連眼睛都懶得睜開的眼鏡男。

如果覺得自己身上所具備的連繫點太少，可以盡量參加人多的活動，比方說，與其玩一款冷門的遊戲，不如玩一款最多人玩的遊戲，這樣遇到陌生人時，有比較多的機會可以用這個遊戲當連繫點。很多人之所以即使排一小時隊伍也要喝到某一家的飲料、看到某一部電影，都是為了增加連繫點。這樣，當別人在聊這件事的時候，自己才不會格格不入。下次再有人說你瞎湊熱鬧，你就翻到這頁告訴他：「你不懂啦。」

但是也不用什麼熱鬧都要湊。其實只有在一開始想要認識陌生人的時候，連繫點比較重要，一旦成為朋友了，就應該都能夠接受你不喜歡湊熱鬧，甚至接受這就是你在這群朋友中的特質。

友誼這種東西，跨過了門檻，房間裡就寬敞了。

能令你自在的，才算是朋友這一端；會令你焦慮的，那應該算是所謂的「人脈」那一端。

這種分野是當然的，**友誼的存在本身就是情感的回報，不見得能派上什麼實際的用場；而人脈的建立，本來就是為了派上各種用場。**

沒用的東西令人放鬆，因為得到也好，得不到也好，反正不能拿來換取成績或業績；而像人脈這種有用的東西則令人焦慮，擔心張羅得不夠齊全，要用的時候不夠力。

有些人在抱怨朋友太現實的時候，其實是因為他們自己先用了現實的標準去衡量友誼。自己手邊缺錢，不得已開口向朋友借十萬，借不到的話，就感嘆人情涼薄，朋友現實。這類的抱怨雖是人之常情，但也不能忽略借錢的人才是罪魁禍首，開口借錢，就是自己先變現實了，是自己動手把原本無用的友誼，放到了現實的秤上面去秤重量。

如果期望友誼派得上用場，那最好一開始就用建立人脈的標準去交朋友。這談不上對錯，每個人的人生目標不同。比方劉備總共就結拜了關羽跟張飛兩個人，結果關羽跟張飛替他出生入死，馬革裹屍。你說劉備結拜這兩個兄弟是在交朋友，還是在建人脈？在我們這些《三國演義》讀者看來，這樣朋友混雜人脈似乎挺好的，但前提是一旦採用了這樣的立場，就別再用不能容忍任何瑕疵的高標準去要求無雜質的友誼。

你的「原則」不是大家的原則

交朋友既然是為了自在，那規定就不能太多。

有些人會宣布：「我這人最不能容忍遲到，如果你遲到了三次，我們就絕交。」這樣做很合理，可是是否合情呢？友誼這種東西，追求的是理，還是情呢？當然是情吧。

在某些文化裡時間觀念很淡，遲到沒什麼了不起。你要是生活在那個文化裡，定出這樣的規則，朋友們會非常詫異。

當我們自詡「很有原則」的時候，最好同時提醒自己：這些原則，只是我的原則，不見得是大家的原則。

你如果開公司當老闆，你的原則就可以是大家的原則，遲到三次就開除，你說了算。但如果是交朋友，每個人各有差異，每個人都想在這份友誼裡感到自在，有一個人把他的原則懸在大家頭上當規定，例如遲到三次就絕交，或者有他在就不可以吃肉（這一點，我覺得連公司老闆都不方便這樣規定，畢竟遲到會影響工作，吃肉不會）。這些規定別人也許會配合，但不表示這符合友誼的本質。如果一群朋友，每個人都把他自己的原則拿出來，要求大家遵守，這群朋友只好每次相聚都活得像軍隊或教徒。

學校如果有人遭到同學排擠，通常也是因為班上有人拿出了他的原則當作規定：「女生就應該這麼瘦」，於是不瘦的女生就遭到排擠；「男生就應該要陽剛」，於是不陽剛的男生就遭到排擠。

如果準時跟吃素這些事這麼重要，那在一開始交朋友的時候，就應該以這個為標準，去找適合的人選。而不是倒過來，跟別人交了朋友以後，要求對方聽話。

當我們把自己的原則，在朋友之中像大旗般揮舞時，我們最好能問問自己：就友誼而言，這是情商中的明白嗎？這是情商中的恰如其分嗎？

我們需要的，是值得交往的朋友，還是聽話的朋友呢？

有選擇的孤單叫「獨處」，沒選擇的叫「寂寞」

對所有的人際關係，我們最好都培養一個簡單的態度：先把對方當一個人，有個性、有偏好、有缺陷的人。

我們如果忘了把對方當人，用故事書裡的標準去要求各種人際關係：爸媽就要無私奉獻、朋友就要兩肋插刀、同事就要團結奮鬥……那我們就是在人際關係裡，一再自尋煩惱。

在各種人際關係當中，朋友是唯一能夠幫助我們抵擋寂寞的，非常少人在感到寂寞時會找家人。剛好倒過來，節慶時家人聚會，常常分外使我們感覺到人群中的寂寞，寂寞時也不可能找不是朋友的同學或同事。一旦體會過朋友就是生活的重要支柱時，就比較不會再拿現實的秤去秤友誼，不會再拿嚴格的規定去要求朋友，他們只要能陪我們度過寂寞，就值得謝天謝地。

有一位美國記者柏絲契 Bertsche 小姐，為了配合丈夫工作，離開了原本所有朋友聚居的城市，搬到芝加哥。她在芝加哥完全沒有朋友，於是她決定花一年進行五十五場面對面的「交友約會」，後來還把這個過程寫成了一本書。她說，她開口邀約的人，大部分都很樂於跟她進行這場交友約會，最後她也真的從當中得到了多位女性好友。

我們在人生的不同階段，會感覺到不同的寂寞，就會需要不同的朋友，不見得永遠都有那份機緣，能夠悠哉悠哉的跟別人自然而然成為朋友。如果你常常感到寂寞，可以考慮改變你的交友方式及拓寬交友範圍。

有選擇的人一個人時，那叫「獨處」；沒有選擇的人一個人時，那就難免是不得已的「寂寞」了。我們要盡量成為有選擇的人。

先有「關心」，才會有「關係」

在講那些方法之前，容我提醒一件非常基本、但也非常容易被忽略的事：請讓對方感覺到你對他的關心。不管你把自己設定為什麼風格的人，都要讓對方收到你的關心。木訥的人，有木訥的表達方式；油滑的人，也有油滑的表達方式。**只有在對方感受到你的關心時，友誼才可能延續。**我交過不少好看或有趣的朋友，可惜其中有幾位永遠只收取別人的關心，而從來未付出關心，於是我跟這幾位的友誼，就漸漸枯萎了。

不論是對家人或伴侶，如果你希望他們同時也是你的朋友，那就請確定他們能感受到你的關心。有關心，才會有關係。

別讓自己成為一個只拿不給的人。如果一直只拿不給，那你的人際關係很快就會只剩人際，而沒有關係了。

在本書有關交朋友的建議當中，我盡量尋找了一些簡易可行的方法，使用出來就算不能百發百中，也不至於當場身敗名裂、被捕入獄，願諸君不妨一試。

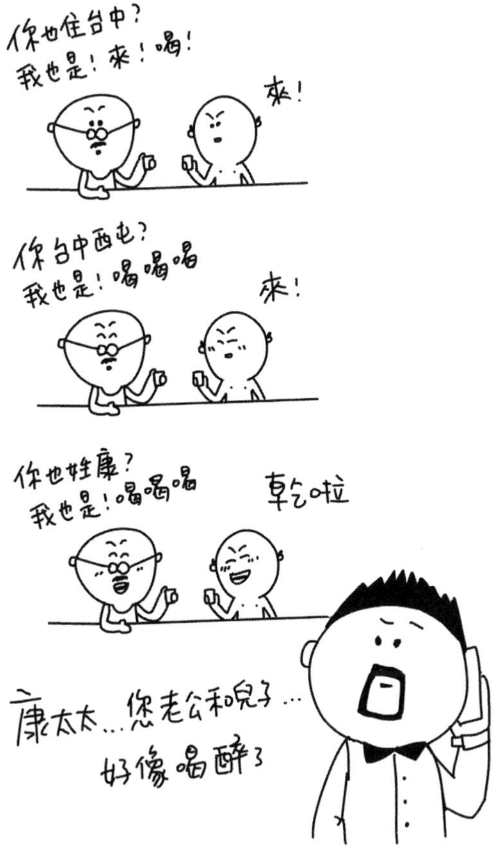
你也住台中？
我也是！來！喝！
來！
你台中西屯？
我也是！喝喝喝
來！
你也姓康？
我也是！喝喝喝
乾啦
康太太…您老公和兒子…
好像喝醉了

3. 葡萄酒沒有標準味道，你的人生也一樣

當你自以為是公主，
就會一路受到真實世界的教訓。

酒吧今天借給了一個劇組拍戲。

酒吧的常客、過氣節目主持人，已經很長一段時間沒機會參加娛樂圈的活動，他特別跟酒吧的老闆商量，希望能夠到現場去，重新體會一下娛樂圈的氣氛。

在下午到達酒吧的時候，酒吧已經被布置成了跟平常很不一樣的餐廳，有四個演員圍著一張餐桌坐著用餐。很明顯的，這四個人是在演一對父母帶著還在念小學的兒女，他們正在拍手唱著生日快樂歌，為家裡的小兒子慶生。

「好幸福哦。」主持人看著這個劇中的畫面，輕輕的感嘆。

「好迷信哦。」酒保竟然冷不防的潑冷水。

主持人立刻賞了酒保一個白眼。酒保趕快調了杯血腥瑪麗，請主持人喝。

「什麼叫作好迷信啊？」主持人不服氣的問。

「我看到他們拍這個畫面，就不想看這部戲了。一想到幸福家庭，就馬上想到這種課本裡的畫面，一個爸配一個媽配一個兒子配一個女兒，覺得這樣就是完美的家庭，然後就會有你這樣盲目的信徒，在旁邊只瞄了一眼就拍手說好幸福哦，這不就是迷信嗎？」

企鵝都沒有規定一天走幾步了，你管專家說什麼？

所有事物的範本，都是拿來參考用的，不是要我們真的分毫不差的活成那個樣子。

拿葡萄酒當例子，不同的年分會有不同的氣候，形成那一年葡萄味道的特色。再遇上了不一樣的釀酒師，裝在不一樣的木桶裡，各自被運送了長短不同的距離，成為了各式各樣的葡萄酒。

如果世界上真的出現了標準葡萄酒的範本，每一瓶葡萄酒喝起來都跟範本的味道一模一樣，那麼葡萄酒的價值，就會跌落到罐裝啤酒、罐裝可樂的價格，因為它已經不再各有特色、耐人尋味。

對於自己的學業、工作、個性或達到的成就，只要迷信了範本，誤把範本當成了目標，想要活成那個樣子才放心，那就註定了一輩子都會對自己很不滿。

世界上沒有人能夠真的活成範本。

再傑出的發明家，也可能掠奪過別人的研究成果；再怎麼犧牲奉獻的慈善家，也可能覺得自己一輩子冷落了家人；再怎麼有母愛的媽媽，也有失去耐心的時候；再怎麼神通廣大的蝙蝠俠，也會出現很低級的故障。

即使是指南針，也只能夠告訴我們大概的方向；即使你手上戴了號稱全世界最精準的手錶，比起你心中感覺到的時間快或慢，那個錶的分針與秒針，也只能當成是參考。

人類很喜歡有人告訴我們範本長成什麼樣子，因為我們知道生活的資源有限，就會希望找到最有效率的方式來使用這些有限的資源，才能「花得最少，活得最好」。

從來不會跑出一隻鹿，說自己是專家，告訴所有的鹿一天要吃幾片樹葉，幾點鐘吃什麼樹葉最合適，每片樹葉要嚼幾下，才是最健康的吃樹葉的方法，才能夠活最久。也沒有企鵝界的權威，規勸每隻企鵝一天要走幾步，游泳幾分鐘。但是我們人類會很高興有專家來告訴我們，每天幾點吃什麼，走幾步，睡多久。雖然百分之九十九的時候我們都做不到，可是我們喜歡有人告訴我們範本，這樣才有仿效的目標，久而久之，我們也就相信範本真的存在，相信有人真的能夠活成範本的模樣。

你不是公主，人生也不是寫考卷

女生小時候聽了一大堆公主的童話之後，就決定自己也是公主，相信世界上會有一個王子，不知打哪兒冒出來，為她把怪物給殺了，然後騎著白馬來娶她。

跟你打賭，這些女生從來不知道白雪公主是什麼個性，人魚公主是什麼個性，豌豆公主又是什麼個性。這些女生根本不在乎這些公主是什麼個性，也不在乎自己是什麼個性，就理直氣壯的決定了自己就是公主。

自以為是公主的女生，當然會一路受到真實世界的教訓，漸漸明白了童話裡捏造的「公主跟王子，從此過著永遠幸福的生活」，在技術上根本做不到，在邏輯上根本不成立。

相信了範本的存在，之後就是面對一連串的失落。失落倒是沒關係，失落就是學習的時刻，只是不少人要花很長的時間，才能說服自己根本不需要活成範本的樣子。

學校把一百分樹立為範本，我們從小到大考的每一張考卷，都是以我們考到的分數跟一百分之間的距離，決定了我們是被認可還是被貶低。

這樣長大的我們自然就此以為，世界上真的有一百分的生活、一百分的工作、一百分的婚姻、一百分的家庭，以及一百分的人際關係。

甚至根本沒有人來跟我們商量，如何判斷是贏還是輸，我們就煞有介事的接受了人生竟然可以被分成贏家跟輸家、勝利組跟失敗組。

你不是罐頭！誰規定人生要照範本活？

在哲學家李維史陀的書裡，講到新幾內亞的Gahuku-Gama族，被歐洲人教了玩足球之後，卻把踢足球的規則改為每一局都必須雙方踢成平手，那局才能結束。如果一直踢不成平手，連續踢個幾天也沒關係（喜歡對球賽比分下賭注的人不必太失望，你還是可以賭每一局到底要踢幾天啊）。

李維史陀稱這種「不想分勝負」的思維，是「未遭到感染、未遭到馴化」的思維。李維史陀提醒了我們：運動一定要分勝負，只是各種思維中的其中一種而已，不是所有人都喜歡分勝負的。

我們已經淪落到跑個步、種個花、做個蛋糕，都要評分，只要能分勝負的，都要分個勝負，現在連人生都忍不住要分個勝負。**為了這虛妄的勝負，我們的心力會被支配到違背我們感受的方向。如果已經感到辛苦委屈，當然應該擺脫這種處處都要拚勝負的思**

維啊。

活著沒有標準範本，只有適合我們的劇本。

常常提醒我們自己這件事，擺脫對範本的迷信與偏執，才有可能由我們自己做主來安排我們的人際關係，而不是倒過來，被我們的人際關係所擺布。

你的人生不是一掰就開的易開罐，你不是罐頭。

從此,王子公主
過著幸福.快樂的日子
我一定要
找到白馬王子♥
鼾~

二十五年後

這麼邋遢,我看妳啊...
很難交到男友啦!
我一定要
找到交友網址...

4. 幻想出來的父母不會給你紅包，但保證懂你又寵你

爸媽愛不愛你不是你能決定，你只能決定自己怎麼想。

一個安靜的黃昏，酒吧裡只有一個客人，當然就是那個沒有任何節目邀請的過氣主持人。

「如果養個孩子，應該日子就不會這麼閒了吧。」過氣主持人悠哉悠哉的把腳掛在桌面上，悠哉悠哉的自說自話，悠哉悠哉的喝了口高杯酒。

一個穿校服的少年走進來，少年靜靜的走到主持人的身後，輕輕的喊了聲：「爸爸。」

過氣主持人如雷貫耳，嚇得兩腳一蹬，椅子立刻往後翻倒，摔個四腳朝天。

少年得意的哈哈大笑，走到吧台邊坐下。

好看的酒保嘆了口氣，倒了一杯牛奶給少年。

「你媽媽不是跟你說過，不可以到這邊來找我嗎？」酒保對少年說。

「當然有啊，我媽媽說這邊是罪惡的地獄。」少年聳聳肩，上唇留下半圈白牛奶印。「反正對我媽來說，別人都是罪人，哪裡都是地獄。」

過氣主持人慢吞吞的從地上爬起來。

「不要滿街叫人家爸爸，你總有一天會把人家嚇死的。」

「你真的不要養我嗎？我爸我媽一點都不了解我。我一定是別人家的小孩，在醫院被抱錯了。」少年以喝酒的氣勢，把杯中牛奶一飲而盡。

「那你打算怎麼樣？去比爾．蓋茨家，通知他們當初抱錯了小孩嗎？」過氣主持人說。

你不是要人懂，而是要人寵

幸好比爾．蓋茨家或英國皇室的白金漢宮，都還沒有提供這種「覺得自己在醫院被抱錯」的服務，懷抱這種冤屈的人，也就只好到各地的酒吧去喝上兩杯，瞎抱怨兩句。

在酒吧聽到別人講這種話，心中難免偷笑，可是我們誰也不必否認，從小到大，我們不知道有多少次幻想過，我們要是生在別人的家裡會怎麼樣？別人的爸媽如果是我們的爸媽，又是什麼樣的感覺？

當我們這樣想的時候，通常心裡會冷笑一聲，笑自己癡人說夢。

可是實際上，這個幻想的能力，有時可以幫助我們穩定自己跟父母之間的關係。

爸媽不了解我們，是很普通的事，我們做孩子的，通常也一點都不了解我們的爸媽。

家人之間，本來就沒有一定會互相了解的道理。

我們這一輩子能夠跟爸媽相處的時間，通常遠遠比不上我們跟同學同事相處的時間。很妙的是，我們反而不會要求同學同事要多麼的了解我們，卻理所當然的認為父母應該要了解我們。

父母不了解我們，有各式各樣的原因：知識不同、觀念不同、時代氣氛的改變、生活方式的改變，都有可能使爸媽跟孩子互相不了解。

範圍放大一點來說：人跟人之間本來就很難互相了解。

歷史上各種大大小小的紛爭，有多半是因為各個人類族群，不但互相之間不了解，也沒興趣互相了解。

而且大部分人內心矛盾，雜念叢生，稍微往裡面挖一下，就發現連自己都不了解自己。

自己都不了解自己，卻要求別人了解自己，要求爸媽了解自己，只能說是任性，這麼任性而不講道理，煩惱也是應該的。

人要的其實不是了解，而是了解之後的順從。如果有人非常了解你，卻因為了解你，而把你治得死死的。你討厭吃什麼，他就餵你吃什麼；你哪裡痛他就往哪裡踩，處處跟你作對，每件事都違背你的意思，這種了解，只會令你感到恐怖，躲再遠都不夠。

你不是要別人懂，你是要別人寵。如果懂你，卻不寵你，那個懂，對你來說也沒意思。

所以倒也不必把自己想像成一個不被了解就會枯萎的人，我們都沒自己以為的那麼心靈至上。

如果同意了這個推論，那麼家人之間，其實有愛也就夠了，至於互相的了解，達到多少算多少吧。

幻想中的父母，竟能為原本無解的親子關係解套

但我們其實也常常聽到孩子抱怨，爸媽根本不愛自己。爸媽除了是爸媽，當然也是人類，可以想像，什麼樣的爸媽都有。爸爸媽媽對孩子是否有愛，或者，是否能讓孩子感覺到愛，這些都取決於爸爸媽媽打算過什麼樣的人生，而不是由孩子來決定。

孩子唯一能夠決定的，是自己心裡要怎麼看待這件事。

如果你真的受不了完全不懂自己的爸媽，或無論如何就是對家人沒有什麼愛，有一個聽起來很阿Q的作法，可是很有用。

你可以試試在自己心裡，幻想出一對理想的父母。

你可以把你對父母的所有抱怨、所有憤怒，都向這對幻想的父母盡情傾訴。然後，因為這對父母是你所幻想出來的理想父母，他們會依照你所希望的方式，來回應你的抱怨與憤怒。

這樣做的好處，是能夠降低對於原本父母的失望之情。因為就算苦等一輩子，也可

能沒有辦法從真正的父母那邊得到鼓勵或者肯定，而這一切卻能從幻想出來的理想父母那邊得到。

你也許會擔心，這樣做是不是太可憐或太瘋癲？其實每個人的內心小劇場每天上演多少戲碼，你又不是不知道，幻想出一些家人，既不傷害誰，也不耗費成本。內心本來就是我們應對外在世界的最重要寶庫，要訓練自己善用這個寶庫，發揮各種力量啊。某個程度上，這個作法是一種祈禱，等於在向不存在的神明傾訴你的需求，藉由想像出來的神明的力量，支持我們度過難關。

當我們跟好朋友談到我們與幻想出來的父母相處的情形，好朋友也許會擔心我們瘋了或嘲笑我們癡人說夢，可是同時間我們也就得以跟好朋友傾訴出對於真實父母的失望。本來朋友可能早已聽膩了你對父母的抱怨，而且這類事情朋友確實幫不上什麼忙。可是一旦有了幻想出來的理想父母，**原本無解的親子關係，會出現一個開朗光明的版本，原本令你失望透頂的真實父母，不再是你索取親情的唯一來源**。

你像小時候扮家家酒那樣，為自己塑造出一對懂你又寵你的父母。

想像力就是擺脫煩惱的超能力

情商本來就是內心的魔法。動用所有的魔法，掙脫人生的困局。想像力這個東西，是生而為人的獨特配備。**人類比動物多了這麼多各式各樣的追求，又要尊嚴，又要幸福，又要美感，又要正義，當然必須要動用動物所沒有的能力，比方說想像力，來滿足我們人類特有的需求。**

我們內心具備的這些神奇力量，如同遊戲中的各種強效法力，你就算省著不用，最後也不能換成錢哪。

當然，想像出來的理想父母，是不會給你紅包，也不會給你遺產的，但其實這些非關心靈的東西，很多父母本來也給不了，這方面就還是要靠自己。**一個人越懂得動用想像力來解決心靈的困擾，他在物質方面自立自強的能力一定也會越高。**

寶貝，是妳讓我重拾對愛的熱情

是妳的不離不棄，讓我再次相信愛

5. 別人的要求越多，你越有談判的空間

只要我們覺得虧欠，就會被對方勒索。

平常我們講人際關係的時候，不太會把跟父母的關係也放進去想，因為我們的教育常常把父母放在很高的位置。尤其陶醉在古裝宮廷連續劇的人，習慣幻想宮中生活，動不動就以「父王」「母后」來稱呼爸媽，雖然是開玩笑，但絕對反射了心底是怎麼看待爸媽的。

如果在宮中，有人膽敢把自己與「父王母后」之間的關係，想成是某一種人際關係，這人的下場會如何？

大家的第一個反應可能會覺得「這人死定了」。但是諸君細想一下，不必追究正史，光是看看粗糙的宮廷劇的劇情，就會發現在宮中要得開的，全都是某個程度上能把王或后當成一個有七情六欲的人來看待，而不是用君臣緊箍咒把自己以及王與后都箍得

死死的那些死硬派。

父王母后，其實也需要被當人看待

與王或后的關係、與父母的關係，當然都是人際關係。跟這些人的關係，沒辦法排除在人際關係之外。

我們如果不能練習用對待「人」的方法，去對待我們尊敬的人、我們深愛的人，我們一定會手足無措、進退失據，而且遺憾的是，對方也不會因此領你的情，反而只會覺得跟你相處起來，怎麼這麼僵硬、這麼緊繃，搞得雙方都累。

把偶像當作是神的很多粉絲，頭三次有機會近身接觸偶像肯定要發抖、要尖叫、要暈眩的。可是三次之後，如果很幸運的成了這位偶像的工作人員，甚至是朋友，那一定漸漸的就不再發抖尖叫暈眩，漸漸能把對方當成人來相處了。

「父王母后」的稱謂、見偶像的發抖暈眩，都是會經歷的階段，但是一旦對人際關係有了一定的了解，**就有能力處理我們與不同的對象的關係。我們對恩義、禮貌、溫柔體貼或不卑不亢，都會重新有真實的體會，而不再是一些空泛無感的字眼。**

如果不太適應，我們就一起在看這本書的過程中，練習把父母也納入我們的人際關係的地圖吧。所謂人際關係，明明白白就是字面的意思，把自己當人，把對方當人，來建立彼此的關係。

很多女生交男友時，一發現對方是什麼事都想到媽媽的「媽寶」，都會覺得倒胃口。我們識別一個人有沒有成長為一個有肩膀的成年人，最容易用的標準就是這人能不能自己研判情況、做出決定，而不是「等我回去問問我媽的意見」。

就算忍不住會把爸媽想成父王母后，你也還是會在成長中漸漸拿捏到：王與后，也需要被當人看，他們也會懶得事事替你做決定，他們也必須有糊塗鬼混的時刻。一旦體會到這件事，就能體會到自己成長了。

一旦被勒索，要討價還價！

再次來到了這個幾乎沒人會跟爸媽來的地方：酒吧。如同平日，酒吧並沒有很多客人。

坐在吧台最右邊的老客人，還是那位過氣的節目主持人，這傢伙寫過不少書，總是以為到酒吧裡來借酒澆愁的客人，會想要問他問題。可惜的是，當別人真的提出問題的時候，他往往說不出什麼了不起的答案。

比方說今天又發生了這樣的事。

晚上十一點，一個疲倦的、穿著套裝的女生走進來，她把皮包往吧台上一放，嘆了一口氣說：

「我爸媽能不能夠這輩子就饒我一次，我才不要回老家去工作，那個鬼地方什麼都沒有。」

酒吧老闆沒有接話，只是淡淡的問了一句：

「喝什麼？」

「任何可以讓我在十分鐘內昏倒的東西。」

老闆理解的點點頭，倒了一杯正宗純淨的伏特加給她。

「到底該怎麼辦呀？」套裝女生用力抓了抓頭髮，大吼一聲。

聽到這聲大吼，過氣主持人精神果然為之一振，他張開嘴，似乎要說出什麼有智慧的答案來，可是彷彿是在張嘴的那一瞬間，有天使飛過來，把一顆饅頭塞進了他的嘴巴，他什麼話都沒說出來。

他不甘心的掙扎了三秒鐘，就放棄了，絕望的把面前的酒一乾而盡。

本來還挺期待的套裝女生，失望的轉回頭來，對著自己的那杯伏特加發呆。

這時候酒吧老闆說話了。

「前幾個月，接到一通詐騙電話，說是綁架了我兒子，叫我給一億就放人。」老闆說。

「你有兒子？」套裝女生問。

「並沒有。」

「那你還不掛電話？」

「對方跟我要一億，我有點感動，這輩子從來沒有人這麼看得起我過。」酒吧老闆說。「所以我開始跟對方討價還價。我說一億真的拿不出來，可不可以少一點，兩千萬如何？」

「騙子答應了嗎？」

「騙子在電話那頭問我說，你真的有兩千萬？我回答說沒有，騙子聽起來很不高興，說你這不是騙人嗎？我就回答說，你們不也是騙人嗎？」

「你這個故事，跟這位小姐的問題有什麼關係？」過氣節目主持人翻了個白眼問。

酒吧老闆看著套裝女生，說：

「如果被勒索，別馬上投降，要討價還價。」

覺得被情感勒索時，談判的時刻也就來了

我們會被什麼樣的人勒索？

什麼人都可以勒索我們，只要我們覺得對於對方有所虧欠，我們就會被對方勒索。

不少兒女都覺得虧欠父母，一想到自己多麼虧欠父母的時候，我們就忍不住內疚自責，我們沒辦法像看待一般的人際關係那樣，去評估我們與父母互相需要的程度。同時我們也很容易忽略，在他們心目中，兒女占據了什麼樣的地位。

在對方心中越有分量，談判起來就越有籌碼。想跟父母談判，聽起來簡直大逆不道，但只要你感覺到自己在感情上被勒索，那麼談判的時刻也就來了。實際的感受必須面對，一味躲在孝順的絨布幔後面，只會搞到雙方越來越窒息啊。用很現實的話來說，如果父母不自覺的在感情上勒索我們，我們並不是完全沒有籌碼可以談判。這樣講聽起來當然很傷感情，可是只要把事情盡可能的想像成談判，本來被各種無奈的情緒搞得一團亂的腦子，就有可能變得冷靜理性。

父母畢竟比孩子年紀大經驗多，很知道人與人之間一旦有了互相的要求，其實比的就是誰的手上籌碼多。就算是對自己的孩子，父母也知道，光是身為父母親這一點，就

已經是絕對壓倒的優勢。

也許你會覺得，父母跟孩子之間應該要溝通，而不是談判，這聽起來很理想，只是這種理想狀況能夠發生的前提是：父母也願意跟你溝通，而不只是單方面對你做出要求。

請不必因為看多了警匪片，一聽到談判二字，就覺得對面坐的是罪犯或敵人。有工作經驗的人會比較平常的看待談判。跟小孩約定今天進玩具店只能看不能買，小孩則希望晚上可以吃漢堡，這就是談判。請把談判看成是講求步驟也講求效率的溝通吧。

分不清輕重緩急，就等著被累死

想要跟任何人談判，最重要的一件事，就是能夠分辨自己心中各種願望的輕重緩急。

如果分不出輕重緩急，那我們這輩子要不就是被別人累死，要不就是被自己累死。

會單方面對孩子做出要求的父母，一定不可能只做一項要求。

先是要求你考試要考幾分，然後就要求你一定要考上什麼學校，然後要求你做什麼樣的工作，領什麼樣的薪水，交往什麼樣的伴侶。

父母的要求越多，孩子越有談判的空間。對於父母提出的各種要求，孩子可以依據能夠接受的程度，排列出輕重緩急。

爭取達成自己最優先的目標，而在次要的目標上讓步，這是面對所有談判最根本的原則。

不只是面對父母，也可能是面對強勢的伴侶、得寸進尺的同事，或習慣裝可憐的朋友，都建議蹲好這個馬步，守住這個談判的原則。感覺被勒索了，別馬上投降，要討價還價。

贖金一億
付不出來等著替她收屍吧!
嗯~
(有話要說)
吵屁啊吵!
嫁了人之後...
不曾有人那麼
看得起我
我真的很感動!
唉喲~三八啦!
是說...贖金...
可以打個2折嗎?
分期也可以

6. 你的人生為什麼要用來讓大家都歡喜？

在小事上滿足父母的期望，但在大事上父母要尊重我們的意願。

酒吧才剛開門，長得好看的酒保拖著地，準備迎接又一輪「除了來喝酒，沒有更好的事可以做」的客人。

馬上就有一個這樣的客人走進來了，是看不出來年輕還是不年輕的女生，臉油油的，紮了一個馬尾辮，穿著塑膠拖鞋，手上拎著一個裝滿的垃圾袋，看起來是打算要走去哪裡丟垃圾，走著走著就走進酒吧來了的樣子。

酒保停住了手上的拖把，禮貌的問：

「請問是要收垃圾嗎？」

馬尾辮女生愣了一下，看了看手上的垃圾袋，苦笑著說：

「是啦是啦我知道，現在是有點早，但管他的，給我來一大杯比利時修道院啤酒吧。」

酒保放下拖把，走向吧台，一邊走一邊調暗燈光，放出音樂。

「我是不是你見過最邋遢的客人？」馬尾辮女生問。

「也是有見過更糟的。」酒保回答。

女生嘆了口氣，坐下來，彎腰駝背的。

「我他媽實在活得太累了。」女生說。「我決定這個月都不要化妝，也不要倒垃圾，也不要洗頭，大家一起臭死算了。」

「有人逼你洗頭化妝倒垃圾哦？」

「我媽啊。」

「你媽她自己每天都洗頭化妝倒垃圾哦？」

「是啊，她老覺得我站她旁邊像丫鬟，好像在跟人家說我們家沒錢似的。」

酒保困惑的搖搖頭，把一大杯啤酒遞給女生。

「沒關係吧，你媽是你媽，你是你啊。」

女生大力拿起杯子，狂灌一波啤酒。

「可惜我媽不這樣想，她覺得我把她的臉都丟光了。她說這樣別人會說她只顧自己打扮，不是完美的媽媽。」

你的人生不是吉祥話，不必皆大歡喜

有些爸媽天經地義的把小孩當成是自己生命的延長。自己只能活八十年嗎？沒關係，只要有小孩，小孩可以替自己再活個八十年，小孩的小孩可以替自己再活個八十年。這樣一直搞下去，自己也就等於長生不死了。

如果心裡有這種想法，而且把這種想法當成是理所當然，這樣的爸媽就一定會義無反顧的希望孩子活成一個年輕版的自己，最好還把自己沒做到的事都一併完成，替自己完成人生的願望。

如果爸媽的願望剛好就是你的願望，那真的很恭喜你們全家，如果他們有五億財產要你繼承，你也樂意繼承，皆大歡喜；他們有五億債務要你繼承，你也樂意繼承，皆大歡喜；他們要你嫁給英國王子，你也樂意嫁，皆大歡喜；他們要你嫁給英國青蛙，你也樂意嫁，皆大歡喜。

但當然也有可能，爸媽的願望跟你的願望不一樣。他們要你嫁給英國青蛙，可是你偏偏想要嫁給澳洲袋鼠，這時候就一定不能皆大歡喜了嗎？

重要的事情是，根本不用追求皆大歡喜。

什麼皆大歡喜、萬事如意，這些吉祥話都是和稀泥的鬼扯。你歡喜，就一定有人不歡喜；你如意，就一定有人不如意。來自漫畫《貓之寺的知恩姐》的名句：「就算是再好的人，只要有在認真努力，那麼在某個別人的故事裡，這個好人勢必還是會成為那個故事裡的壞人。」

這些吉祥話，年節隨口說說就好，不能當成追求的目標。

人生是讓你拿來活的，不是讓你拿來逗大家開心的，你的人生為什麼要拿來讓大家都覺得歡喜？

他們要歡喜，就要自己想辦法；別人肚子痛的時候，你沒辦法替他痛，別人戀愛到死去活來的時候，你也沒辦法替他死去活來。爸媽當然不是普通的別人，爸媽是唯一的，但是爸媽依然是別人，就算是唯一的別人，還是別人。

你要「聽話」到幾歲呢？

如果你曾經花大錢買下一個名牌包，麻煩你現在把那個包拿出來放在面前，盯著它看五秒，告訴我：你愛這個包的哪一點？它具備了什麼特質，使你想要把它拎在手上成為你的一部分？

回答完之後，請你分辨一下，是你自己真心想要這個包，還是這個「社會」聯手用各種方法「慫恿」你覺得你要這個包？你拎它出門，是為了向「社會」證明你確實擁有這個包了，還是你真的感覺到它帶給你什麼喜悅？

我知道「社會」期望早就跟我們自己的期望混在一起了，難以區分，但請不要全面投降，必要時，區分一下，很重要。

把別人對我們的期望，跟自己的願望畫分開來，這是對自己的人生負責的第一步。

我們大部分的人，從小活在爸媽對我們的期望之下。有些爸媽會非常的節制，盡量不把自己的期望透露給小孩知道，可是大部分的爸媽會忍不住，多多少少洩露出對孩子的期望，有更多的爸媽會理直氣壯的一路要求小孩的考試成績、交往伴侶、工作成就、花錢方法，以及孝順的方式。

「孝順」這兩個字，從字面上看，是要孩子心態上有孝心，行為上要順從。

孩子一不順從，一有了自己的想法，爸媽就宣布孩子進入了叛逆期。孩子叛了誰，逆了誰？其實只是違逆了爸媽的指令，用白話文說，就叫作不聽話。

少年時期，開始覺醒，有了自己的想法，當然就會不聽話了。如果要一路繼續聽話下去，要聽話到幾歲呢？就算願意一路照著父母的意思而活，等自己活到四、五十歲，父母不在了，剩下的人生，要聽誰的話？要照誰的意思活呢？

聖誕老公公，是全世界最爛的工作

我們小時候都喜歡聖誕老公公，因為聖誕老公公會滿足我們的願望，或者起碼假裝答應會滿足我們的願望。

但是，即使我們這麼喜歡聖誕老公公，我們沒有一個人想要自己變成聖誕老公公。在各式各樣的神仙裡，也許有人想當玉皇大帝，有人想當孫悟空，甚至有人想當豬八戒，可是沒什麼人想當聖誕老公公。因為每年要按時滿足所有人的願望，掛個襪子就想跟你要東西，卻根本沒有人在乎聖誕老公公想要什麼，如果他在遙遠的雪國忙到中風了，會有半個小孩知道並且千里迢迢趕去救他嗎？這種整天被別人的願望勒住脖子，力求皆大歡喜的工作，有什麼好嚮往的？

一生很短，能完成的事情很有限。爸媽對你的期望，跟你自己的願望，不可能統統都完成，必須要按輕重緩急來分配自己的心力。

不妨拿出手機或一張紙，把生命中想要完成的事情一條一條的列下來，然後在每一條的底下簡單的分個類，看看**這條願望到底是「社會」暗暗加在我們身上的期望，是爸媽對我們的期望，還是我們自己的願望？**

在一些無關痛癢的小事情上，可以滿足父母的期望。比方說，在學校念什麼科系？在當下感覺起來，也許是一件大事，但已離開學校的人都知道，在學校念什麼科系，實在跟後來所做的事情沒有太大的關聯。如果能夠這樣想，那麼在學校選擇什麼科系，就可以當成是無關痛癢的小事。可是離開學校之後，在什麼城市生活做什麼方向的工作，相對來說就是關痛癢的大事。

在小事上滿足父母的期望，是為了儲備談判的籌碼，希望父母在大事上能尊重我們自己的意願。

如果真的是為了滿足父母的期望所做的決定，就要讓父母知道你的這份心意。可以很認真的讓父母知道，也可以很幽默的讓父母知道，但就是要讓父母知道，自己做這件事情是為了滿足他們的期望。

就像你要從有限的財產當中湊出一萬元來借給好朋友，就要明確的讓好朋友知道，這一萬元得來不易，要不然好朋友只會覺得沒什麼大不了的，在這一萬元之後，繼續再跟你借兩萬元、三萬元，以為對你來說都不算什麼負擔。

你犧牲了，爸媽還含冤莫白

很多人都希望，一輩子不需要跟爸媽把話說得太清楚，什麼事情都混過去就好。

混是一定可以混的，可是好不好就很難說了。把爸媽的期望跟自己的願望亂七八糟的混在一起，最後會遭遇到的結果，就是即使把事情完成了，也感受不到一絲喜悅。然後才領悟：這是因為自己費盡心力所完成的事情，不是自己的願望，而是爸媽加在自己身上的期望。

其實不是什麼大工程。也絕對沒有嚴重到需要動用叛逆這種字眼，就只是不要打混，把父母的期望、跟自己的願望區分開來。然後衡量一下自己有限的心力，不要老是犧牲自己的願望，你鬱悶了，父母也高興不起來的。

至於爸媽的期望呢，只要讓爸媽能夠感受到自己一直有把他們放在心上，也有努力的做了一些事情來讓爸媽滿意，一般來說，爸媽都會欣然接受的。

爸媽就是比孩子更先體驗生活的人，生活有多困難，爸媽比孩子先知道，只要不是無理取鬧的爸媽，都能體諒孩子沒有辦法完成所有期望，不至於因此影響到雙方的感情才對。

反而是，如果孩子辛苦了一輩子卻不快樂，最後一股腦把人生方向的耽誤都怪在爸媽的頭上，這種處境的爸媽，才會覺得含冤莫白吧。

千萬不要這樣整自己，又整自己的爸媽，早點把願望分清楚，對大家都公平。

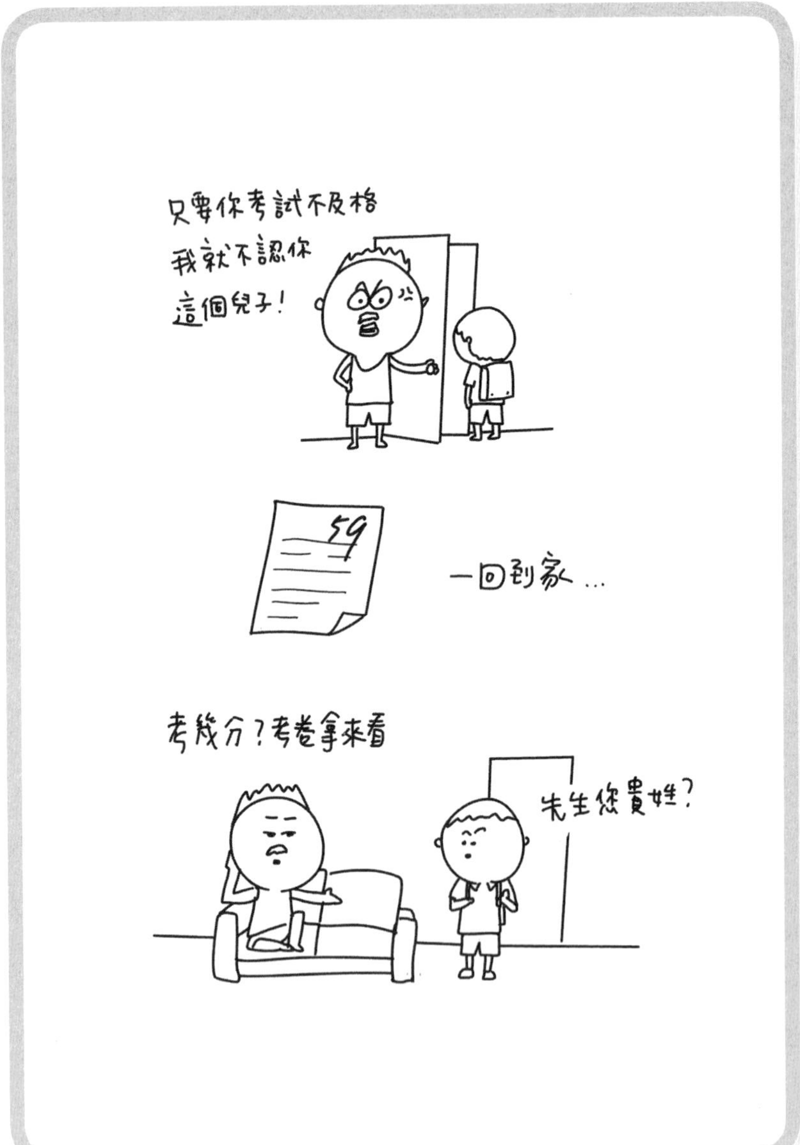

只要你考試不及格
我就不認你
這個兒子！
59
一回到家…
考幾分？考卷拿來看
先生您貴姓？

7. 別裝無辜，你不是情感勒索的受害者

你不是無力可施，更不是無可奈何。

今天酒吧客人少到可憐的地步，酒吧老闆應該認真考慮有沒有增加收入的方法了。

坐在吧台最右邊的老客人，還是那位過氣的節目主持人。這傢伙寫過不少書，總是以為到酒吧裡來借酒澆愁的客人會想要問他問題。可惜的是，當別人真的提出問題的時候，他往往說不出什麼了不起的答案。幸好，他對酒吧的穩定收入還是頗有貢獻。

已經過了半夜十二點，一個短髮女生走進來，她坐下之後，看了一眼過氣主持人，主持人今晚竟然沒有在喝酒，卻在喝一碗湯。

「那是什麼湯？雞湯嗎？」短髮女生問。

「清燉的牛肉湯，他們特別幫我煮的。」主持人回答。

「那我也來一碗吧。」短髮女生說。

長得好看的年輕酒保默默的搖了搖頭。

「那個湯不是賣的，是特別煮給那位客人喝的。他是我們的搖錢樹。」酒保說。

「怪了，他可以喝，為什麼我不能喝？給你兩倍的錢總可以了吧，少在那邊陰陽怪氣的。」短髮女生說。

酒保聳聳肩膀，轉過身去舀了一碗湯給短髮女生。

短髮女生舉起碗來，咕嚕咕嚕的把湯灌下了喉嚨，灌完之後擦了擦嘴，嘆了一口氣。

「哎，痛快，好久沒這麼痛快了。」

「遇到什麼煩心的事啦？」過氣主持人問。

「這次回去，要是他們再逼我結婚，我這輩子就再也不回去看他們了。」短髮女生說。

過氣主持人微微張開嘴，彷彿要說出什麼道理來，誰也沒料到，他冒出來的是這麼一句話。

「哎，那就多喝幾口熱湯吧。」

「不，不喝湯了。我要喝酒，越烈的酒越好。」

酒保倒了一杯很烈的威士忌，放在短髮女生的面前。

「喝慢點。」酒保說。

「你管我。」那女生說，然後舉起杯子，猛的喝了一大口。

「他們自己的婚姻那麼不幸福，為什麼還要逼著我結婚？難道他們這輩子把自己關進了愛情的墳墓，就非要把我也拉進去陪葬嗎？」

「哎，很多爸爸媽媽就是這樣，情感勒索自己的小孩。」過氣主持人總算插上了一句話。

沒有料到，酒保卻看了主持人一眼。主持人平白被看了這麼一眼，有點不服氣。

「怎麼？難道我說錯了嗎？」主持人說。

酒保沒說話，短髮女生把話接過去了。

「你說的沒錯，就是情感勒索。」短髮女生說，又喝了一大口酒。

「你應該從小是家裡的小霸王吧。」酒保忽然這樣問。

「咦，你怎麼知道？」短髮女生說。

酒保又聳聳肩膀。

「硬是要喝別人的湯啊，付兩倍的錢啊什麼的。」酒保說。

「哼，這樣你就覺得霸道了，我真的霸道起來，連你也放到湯鍋裡燉了。」

「你很適合學《水滸傳》裡面的人說話啊，可不適合文謅謅的說什麼情感勒索。」酒保說。「你這麼霸道，哪會可憐兮兮的被勒索啊，你遇到的不是情感勒索、是部落法則。」

你不是無辜的受害者，而是部落法則的受惠者

很多人理所當然的以為，部落早就消失了，現在沒有部落了，人類生活的單位是家庭。

真的是這樣嗎？

有不少家長是像酋長一般的領導著自己的家庭。如果不是把家庭當成了部落，怎麼會把家長做成了酋長？

家裡所生出來的小孩的任務，就是替部落延續血脈。如果有外人對家裡的小孩有任何打擊，酋長當然就會率領著部落的所有成員，齊心協力的抵抗外侮。

如果把不同家庭之間的衝突，都當成是部落與部落之間的衝突來看待，當然就不必多講什麼青紅皂白，是非對錯。對不同的部落來說，誰搶得到肉，誰就活得久一點。就算這塊肉是你用弓箭射下來的，只要落到了我手裡，當然就歸我所有。

如果小孩子在學校裡打架，對於酋長式的家長來說，這就是部落的血脈遭到了威脅。掃除這樣的威脅，是最優先的目標，至於誰對誰錯，當然就沒那麼重要。

所以我們當中會有一些人，從小就肆無忌憚，他們被家人當成世界的中心，所有的家人都要繞著他打轉，滿足他的要求。這樣的小孩在部落的保護之下長大，一切以自我為中心，直到有一天，當他們終於不想再服從酋長的指令，他們喊出了「遭遇到情感勒索」這種話，覺得自己是無辜的受害者。

這樣蠻橫長大的小孩無辜嗎？當他們在沒有機會接觸部落以外的人時，確實很無辜。他們一定以為，其他小孩也都是這麼理所當然的被保護、被伺候，在溺愛中長大。

可是一旦脫離了部落生活的範圍，進了學校或公司，就有機會學習到：**人與人之間的關係，不再是某個部落成員與另一個部落的成員之間的關係。這個世界已經不是由部落組成的，沒有任何家庭可以像原始部落那樣，把自身的利益放在最前面，而不顧其他人的死活。**如果有一個人說他在求學階段工作階段，都完全沒有意識到：部落法則早已被法律或經濟規則取代，被契約精神取代，他的問題可大了。

想享受特權，總有一天要負起責任

你可能聽過一個古老的故事：有一個男生從小被母親無比溺愛著長大，不管做錯了什麼事，母親都稱讚他，都說他這樣做沒錯。

漸漸的，這個男生長成了一個蠻橫的男人，無惡不作，有一天，他終於犯下了極大的罪行，遭到逮捕。法官判他死刑，在執行死刑的前一刻，這個男人要求見媽媽一面。見到媽媽的時候，他要求讓他像小時候那樣，窩在媽媽的懷中吸奶撒嬌，溺愛他的媽媽當然一邊哭著一邊答應了。

可是，當男人真的依偎到媽媽懷中時，他狠狠的從媽媽的胸口咬下了一塊肉，咬得血肉模糊。

男人恨恨的說：「我恨你從來都不教導我，害我變成了今天這個樣子。」

很多人初次聽到這個故事時，大概都會感覺到困惑。這個媽媽的溺愛當然是錯的，但是，這個兒子對媽媽的指控，難道就是對的嗎？這個兒子一旦脫離了媽媽的懷抱，完全沒有在學校或工作環境中，學習到媽媽的教導以外的其他法則嗎？可以把自己的責任推得這麼乾淨，全部都怪到媽媽的頭上嗎？他自己選擇了以部落法則在社會上橫行霸道，結果遭遇到了法律，竟回過頭來責備媽媽用部落法則蒙蔽了他。

當我們要控訴被爸爸媽媽或其他人情感勒索的時候，一定是因為我們感覺到自己很無辜。

如果從小就理所當然的接受爸爸媽媽以部落酋長的態度袒護我們，無條件的滿足所有需求，於是在一路長大的過程當中，都這樣的唯我獨尊，那根本就是部落法則的受惠者。當爸爸媽媽要求我們結婚的時候，也就是酋長理所當然的要求新一代為部落持續增加生產力。在酋長的字典裡，當然沒有情感勒索這樣的字眼，一切以部落的利益為最高利益。

如果不希望有一天要遭遇酋長下達指令，那就必須把文明世界的消息傳遞回部落，讓爸爸媽媽逐年擺脫酋長的心態。所有有機會離開部落走向外界的人，都必須經歷這樣的來回溝通，重新打造自己與部落之間的關係。

在被溺愛的時候，享受到的所有特權，都會一點一滴的轉化為長大之後的責任。**最好能夠避免過於理所當然的使用「情感勒索」的說法，因為一旦動用這樣的字眼，我們很容易就把自己當成一個完全無辜的、無力可施、也無責任可擔的受害者，那太偷懶了。**

偷懶是很方便，可惜偷懶解決不了問題。

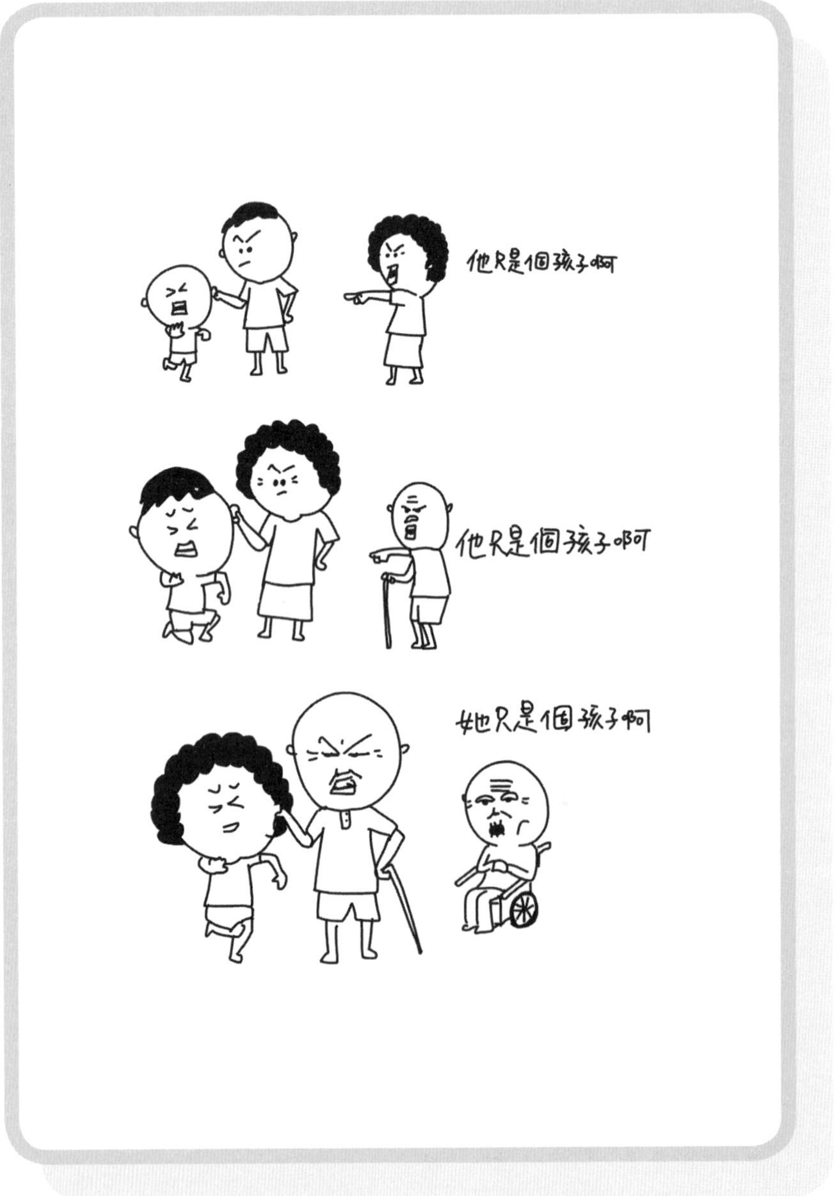
他只是個孩子啊
他只是個孩子啊
她只是個孩子啊

8. 你很難把自己變有趣，但可以把有趣的人變成你的朋友

我們可以當拍照時補光的反光板，讓朋友變有趣，他就離不開你。

酒吧老闆為了增加一些租金收入，在賣早餐的時段，把酒吧的空間租給了很會做蛋餅的小哥。

蛋餅小哥的訣竅是，把甜的跟辣的混在一起：白糖蛋餅混上辣豆腐乳，辣泡菜蛋餅抹上花生醬之類的。好不好吃很難講，倒是可以提神。

蛋餅小哥每天早上會把平常從不拉開的窗簾拉開，今天陽光明亮，照進了酒吧的空間，不少客人瞇著眼睛，望著窗外發呆，貪婪的品嘗這個陽光。

有兩位盛裝打扮的太太，穿著旗袍，吹好的頭髮也用膠水固定住。其中一位的嘴巴很小，把蛋餅切成細細的，一小塊一小塊吃。另外一位嘴巴很大，手上端著咖啡杯，眉

飛色舞、比手畫腳的講著她在埃及玩時怎麼對付一群扒手，因為一直在講話，面前的蛋餅動都沒有動。

蛋餅小哥注意到，每次大嘴巴太太講到告一段落，正打算要吃一口蛋餅時，小嘴巴太太就會輕聲細語的說句什麼，這句話彷彿就立刻又觸動了大嘴巴太太的開關，大嘴巴太太馬上又顧不得吃蛋餅，充滿熱情的開始再講一段。

蛋餅小哥實在很好奇，小嘴巴太太到底都講了什麼話，讓大嘴巴太太停不下來。他趁著替各桌客人添加咖啡的時候，故意放慢一點速度，偷聽小嘴巴太太說什麼。

蛋餅小哥驚訝的發現，小嘴巴太太每次講的話原來這麼普通：

「你怎麼會遇到這麼多有趣的事啊，好羨慕。」「我也有朋友去過埃及，都沒有你講的這麼好玩。」「這種事也只有你能遇得上啊。」

小嘴巴太太雖然講得很小聲，可是語氣很真誠，連不相干的蛋餅小哥聽了，都覺得大嘴巴太太的遭遇一定很特別。

我相信一定有不少人告訴你：「聽，比說重要。」

能聽的人，跟能說的人放在一起，各有各的本事。

可是愛聽的人，跟愛說的人放在一起，那一定是愛聽的人收穫比較多。

因為能聽又愛聽的人，就算沒有人說話給他聽，他也可以聽別的，他尤其會聽見自己的聲音，沒有什麼比這個傾聽能力更重要。**能說又愛說，當然算一種長處。可是如果在忙著說的同時，錯過了聽，忽略了聽，聽的能力漸漸退化，難免會在重要的時候，也聽不清自己的聲音。**

我就是這麼無趣，還有救嗎？

要怎麼傾聽，才能讓對方樂意把他最好的部分交給你？這方面的原則，我寫在兩本《說話之道》裡了，那些原則對交朋友都一定幫得上忙。

可是，如果想一步一步吸引覺得很有趣的陌生人，漸漸變成你的朋友，那麼除了傾聽之外，還有一種更有效率的作法。

有一種聚會方式，要求每個參加的人各自帶一道拿手的菜餚，這樣可以讓主人省點事，大家又可以吃到不同的菜色。如果有人在這種聚會帶了很乏味的食物，或者路邊到處都買得到的食物，難免遭到大家嫌棄。

有一次我竟然遇到升級版的邀請，是叫每個參加的人都帶一個自己覺得有趣的人一起出席，讓大家認識新朋友。這下子大家壓力都很大，有趣的活人可不是路邊到處都買得到的。再怎麼平庸的食物，終究可以吃，但如果帶了一個無聊的人硬要充有趣，場面也太尷尬。大家瞬間都很懊惱手邊沒有儲備拿得出手的人。

確實，如果好朋友是有趣的人，能令我們沾光，覺得自己的人際關係夠像樣，經得起考驗。

大家本來就喜歡跟有趣的人當朋友，沒聽過誰會偏好專找無趣的人當朋友的。這也就造成有些人給了自己這樣的壓力：覺得要拚命變有趣，別人才會樂於跟我們做朋友？

每個人有趣的方向不同：熱衷各種八卦可能有趣，裝瘋賣傻有時候也有趣，特別呆或特別博學都很有趣。但我們也必須承認：世上確實有無趣之人，數量壓倒性的超過有趣的。

無趣的人，努力要變有趣，聽到好的笑話就拿出筆記本來記下，練習把流行歌唱好，閱讀各種冷門知識，甚至模仿他們心目中有趣的人。這些努力不會一無所獲，起碼這份努力，本身就會散發熱情，感染周圍原本冷漠的人，但是透過這些方法，是否就能夠使一個無趣的人變有趣呢？

很遺憾的，通常效果不理想。

怎麼辦呢？

讓七分有趣的人變成九分有趣，也是你的本事

我們不一定能夠讓自己變得非常有趣，可是我們可以讓對方覺得：怎麼跟我們在一起的時候，他感覺自己特別有趣。

也許他本來只有七分有趣，可是跟我們在一起時，竟然變成九分有趣。那個人歡喜得意之餘，一定會把多出來的這兩分，歸功於你。

我們變成了拍照時用來給臉上補光的反光板，只要有我們在旁邊，那個人拍出來的照片，臉色就比平常好很多，那他以後拍照的時候，就絕對離不開這塊反光板。

讓有趣的人感覺，只有跟你在一起，一切才會這麼有趣。

有些人一定覺得，這樣交朋友未免太累，我必須說，看你怎麼定義「累」。你看大嘴巴太太興高采烈的講個沒完，覺得越講人生越精采，講到沒空吃蛋餅；而小嘴巴太太，雖然沒有這麼多有趣的事可以講，可是聽得很高興，而且有充分的時間吃蛋餅。這過程中一定要講誰累，肯定是大嘴巴比反光板累，但其實談不上累或不累，這本身正是活著的樂趣，她們兩人享受了一段屬於朋友的快樂時光。只要有樂趣，誰會覺得累？

稱讚也要精準到位，才能讓人對你留下深刻印象

小嘴巴太太不只是傾聽，不只是點頭，不只是稱讚，而是針對大嘴巴太太這個人來稱讚，不是一般敷衍式的稱讚。

你稱讚我很會唱歌，跟你稱讚說只有我能夠把這首歌唱出這個味道，這是兩種不一樣的稱讚，而且一定是第二種稱讚更令我受到鼓勵。

我如果得到了第二種稱讚，就會有動力要進一步告訴你，我對這首歌獨到的心得，我唱這首歌時，在哪些細節上有巧妙的安排。我會把你當成是「知音」的儲備人選。

你稱讚一個美女長得漂亮，你無非就是美女當天遇到這樣講的第十二個人。可是如果你認出了美女的打扮是模仿七〇年代紐約名模的風格，她自然會把你從那十二個人當中拎出來，另眼看待。

稱讚一個有趣的人，想要讓他對你留下印象，樂於跟你多交流，那就要稱讚在刀口上。

小嘴巴認知並且肯定大嘴巴生活精采，大嘴巴認知並且肯定小嘴巴就是能帶來融洽的氣氛，彼此互相欣賞，成為朋友。

友誼，有一個重要的標準，就是認知並且肯定彼此的長處。

小嘴巴不必擔心自己在這段友誼中會沒有分量，沒有位置，因為友誼會隨著生活變化，會增進也會消退。小嘴巴就算沒有大嘴巴有趣，也請記得有趣只是交朋友的各種門檻之一，跨過即可，不必把門檻放大成牌坊。**在接下來逐步發展的友誼當中，她們只要真的成了朋友，就會互相分擔煩惱，一起經歷好事與壞事，彼此更多了解共享更多回憶。有趣與否，不再重要。**

世上這麼多無趣的人，其中很多位一點也不缺朋友，這足以說明：有趣，只是店鋪的招牌，不是店鋪的產品，更不是店鋪本身。

交朋友，如同維繫各種人際關係，當然也有酸甜苦辣，但總是要先交到朋友，才有機會經歷這些友誼所帶來的不同滋味啊。

而且，如果發現交朋友並沒那麼難，眼中自然就會開始留意值得認識的人哦。

好聽的話預備~起
妳好美
好漂亮
又迷人
又可愛
這種話我聽多了
能不能具體點？
妳的五官
是我犯罪的開端

9. 越麻煩別人，越能建立交情

能夠拿捏分寸的人，做到恰如其分，才能讓人感覺如沐春風。

法學家霍姆斯 Oliver Holmes 有個軼聞，他有天在家附近散步，鄰居一個小女孩遇見他就很自然的跟他一起散步。散步了一陣子，小女孩要回家了，霍姆斯就跟小女孩說：「如果你媽媽問起你跑去哪兒了，你就告訴媽媽說你是跟霍姆斯先生去散步了。」小女孩說好，同時也告訴霍姆斯：「如果你媽媽問起你跑去哪兒了，你就告訴媽媽說你是跟瑪麗布朗去散步了。」

小女孩瑪麗布朗當然不是故意要跟知名的法學家較勁，她純粹只是禮尚往來，覺得應該也回給對方這麼一個可以交代行蹤的說法。但她的這個作法，立刻讓霍姆斯意識到小女孩完全平等的與他互相看待，沒有尊卑長幼之分。

心理學家麥格羅 Phil McGraw 說過：「別人看待你的方式，是你教他們的。」

你每次聚餐都不斷搶當召集人並且往返核對餐廳菜色，幾次下來別人就把你的服務當作理所當然。你的言行怎麼表現，別人就會據以判斷你給自己的人物設定，然後分配角色給你。

酒吧的老闆因為怪異原因收到了一小群客人的抱怨，抱怨酒保跟他們聊天聊太少。酒保因為外型出色，得到不少客人的青睞，這些客人是衝著酒保來的。可是酒保很酷，話很少，又臭臉，醉翁之意不在酒的客人們，只好向老闆投訴。

於是老闆做出了荒謬的決定，他透過熟人弄到一雙酒保渴望已久卻怎麼買也買不到的限量經典款球鞋，要求酒保在週末下午開一場粉絲見面會。

老闆會供應免費的氣泡酒，還特別找了酒吧的常客、過氣的主持人來主持這場見面會。主持人竟然也爽快的答應了，完全沒有從王牌主持人淪落到這個地步該有的恥感或哀怨。

到場的客人可以把任何想問的問題丟到箱子裡，主持人會不斷從箱子抽出問題來發問，酒保最少必須回答其中十個問題。問題得到回答的客人，還能額外得到酒保的抱抱與合照。

酒保為了得到那一雙球鞋，竟然也答應了（真是個物欲薰心的年輕人……）。

週末下午的見面會，來了將近二十位客人，大家喝著氣泡酒，很踴躍的把問題丟到箱子裡。

主持人開始抽出問題。

「為什麼你調酒的時候都背對我們？」

「我故意的。」

「為什麼你每次回答都講那麼少？」

「這樣才能留更多時間聽你說話呀。」

「除了當酒保，你還做過哪些工作？」

「我在廟裡跳過家將，待過討債公司，開過卡車。」

「你結過婚嗎？」

「一次。」

台下發出一陣小小騷動。

「是不是每次分手都是你把對方甩了？」

酒保想了一下。

「是。」

台下發出一陣不知是表示感嘆還是斥責的嘖聲。

「你很缺錢嗎？」

「很缺。」
「你每天下班以後會喝醉嗎？」
「我不喝酒。」
台下發出一片驚訝聲。
「你最想遇到什麼事？」
「被外星人抓走。」
台下的人都笑了。
「你目前有女朋友嗎？」
「沒有。」
「你會接受年紀比你大的對象嗎？」
「都可以。」
台下發出一陣小小歡呼。
「你喜歡女生嗎？」
酒保沒回答，靜止三秒之後說：
「呃，我有在算哦，這是第十一題了。」
台下響起一陣失望的抱怨。
老闆趕快大放音樂，叫酒保調酒給大家喝。

週末下午的粉絲見面會，在此告一段落。

你不是「直腸子」，是嚴重「越界」了

我們一起看看酒保是不是有引導別人怎麼看待他？有沒有在言行上表現出他給自己做的人物設定？如果有，他是怎麼一步一步引導的？首先，看看他有沒有拿捏人際的分寸？

「分寸」這兩個字，會給某些人一種斤斤計較的印象。不在乎分寸的人自詡為粗線條、直腸子、少根筋。

「我這個人啊，老是這樣子，就是少根筋。」你以為講這句話背後的心態是在自責嗎？常常不是，多半是在自鳴得意。

講這句話的同時，就是覺得別人都太小鼻子小眼睛，太斤斤計較了。

可惜人際關係不是我們自己一個人的事，而是我們跟別人一起的事；不是一個人在天上飛，而是兩個人或更多人都開著車，共用一條馬路。我們越是不計較，就等於逼得別人要越計較。

當我們還在自得其樂的覺得「這有什麼關係」時，完全無法察覺對方已經火大到覺得我們「根本得寸進尺」，這就是我們不計較，逼得別人要計較的結果。

這就是失了分寸，也就是心理學家們提醒的，踩到了人與人之間的「界線」。

沒分寸的人，從沒享受過做自己的樂趣

很多人不尊重人際的分寸，是因為他們很要命的把人際關係當作是隨著出生就開始自己送上門的贈品。他們認為，反正一出生就有家人啦，把頭探出門外就有鄰居啦，上學就有老師同學、上班就有同事及客戶啦，一切人際關係都是如此的理所當然，是源源不絕自動送上門的贈品。

有人會珍惜贈品嗎？不會的。人們只珍惜自己付出成本所得來的事物。把人際關係看成是附贈品，當然會覺得不需要維護，弄壞了也無所謂。這就是對人際毫無分寸者的心態。

可能有人覺得這樣粗魯的活著挺爽的，但最好也看看他們是否不自知的蒙受巨大損失。

年節時回家，三姑六婆大剌剌的過問你的薪水，探查你的感情，她們笑嘻嘻的覺得這有什麼關係，你卻火大到發誓明年寧願帶爸媽出去旅遊，也不要再跟這些三姑六婆糾

纏。

媽媽覺得出生時就幫你洗澡全身上下早就看遍了，現在進你房間沒敲門有什麼關係，你卻火大到大吼大叫要她尊重你的隱私。

對方不覺得有什麼好計較的，你只好被逼得斤斤計較。

很多充滿殺傷力的人際關係，都是這樣來的。

「我這樣做還不都是為了你好，你怎麼這麼不知好歹？」「這種事，大人的經驗比你豐富多了，讓我們替你決定就好。」

為什麼會有這麼多人被逼得大喊要「做自己」？因為大家的身邊經常被這些沒有分寸感的人所環繞，他們很可能一輩子都沒有享受過做自己的樂趣，他們依照從小被對待的方式，來對待別人。

很多西方人從來沒有聽說過粽子這種東西，你如果對他們大喊好想吃粽子，然後拿出一個用草繩跟葉子包紮起來的小包裹，打開葉子裡面是一坨黏答答爛乎乎的米飯，那些西方人也難免一頭霧水，直到他們親自品嘗了粽子的美味，才會理解你想吃粽子的情懷。

如同西方人無從知道粽子的好，從來沒嘗過做人有分寸的好處，也就不會覺得分寸有什麼了不起。

在同一條馬路上行駛的車輛，如果各自守住分寸，就算靠很近，也不會出車禍。同樣的，與人來往時，拿捏好分寸，不傷對方之餘，也保護自己。

酒保常常背對著想看他容貌的人，這很聰明，也許算不上是他的小心機，可是恰好在人際關係或者任何事情上，吊人胃口，永遠會使一切更添滋味。至於話很少，這是在拿捏分寸，尤其面對喝多了又心存幻想的人，保持距離比較能避免傷害對方（但當然，一切還是跟酒保長得帥有關係，如果長得醜，大概背對客人達摩面壁一百年，客人也不會叫他轉過來，而且不勞他保持距離，客人根本也沒打算靠太近）。

當我們發現自己被沒有分寸感的人所包圍時，可以如何應對？我希望在下一篇能夠給一點有用的建議。而這一篇的目標，是希望起碼我們自己不要成為沒有分寸的人，把別人逼到角落了都不知道。

跟別人擦撞意味著很多風險，如果只打算像本書開始時的小島漁夫那樣生活，也許還好，但只要是期許自己能完成一些需要他人齊心合力的事，恐怕就會吃不消人際關係過度磨損的苦果。

從來不麻煩人家，怎麼建立交情？

很多人說現代日本社會對人際關係的最高準則，就是「不要給別人添麻煩」。這話聽起來很明白，可是到什麼程度才算是添麻煩？

請你幫他牽一下狗，不算麻煩吧？萬一繩子在你手裡鬆了，狗狂奔到馬路上被車撞了，麻不麻煩？他手機沒電了，跟你借手機打個求救電話，不算麻煩吧？萬一他手一滑，把手機摔碎了，麻不麻煩？

我們都想為麻煩定出一個明確範圍，但你看，小麻煩總是有辦法變成大麻煩。重要的不是永遠小心翼翼的想避開所有麻煩，而是用恰當的心態去面對麻煩。

永遠不麻煩別人的人，人際關係會最好嗎？

昔日的上海大亨杜月笙說過他對人情的理解，大概的意思是：

「從來不麻煩對方，那你跟對方就永遠建立不了交情。所謂的交情是有來有往，你麻煩了對方，從此放在心裡，有一天加碼的把這個人情還了，你跟對方就此建立了交情。」

這雖然是江湖人士歷練的心得，但放在別處也通用。**公司裡人際關係最好的，一定是那個最常請同事幫一些對同事來說遊刃有餘的忙，又懂得倒過來適時回報同事的人，絕對不可能是那個從來不求同事幫忙，也從來不幫忙同事的人。**

從來不在人情上跟別人有所牽扯，以為這樣就互不相欠的人，你可以說他潔身自愛，也可以說他孤芳自賞，這些都可以算是很不錯的評價了，只是在人際關係這方面，會越活越狹窄。

「分寸」與「知好歹」

人跟人之間的關係不同，麻煩的標準也就隨之不同。

餐廳端上來的湯是冷的，你請服務人員把湯端回去加熱，這不叫給他添麻煩，這是他的工作（當然他轉過身去還是可能大翻白眼就是了）；但你加班到半夜兩點，回到家想喝碗熱湯，把你丈母娘從她家叫到你家來替你把湯弄熱，這絕對是給丈母娘添麻煩，甚至根本是在瞎整丈母娘了。

你腰痛到醫院檢查，被宣判腰椎間盤突出，把這個消息告訴男朋友讓他一起分憂，這當然不叫給他添麻煩；但如果接下來跟初次見面的客戶開會的時候，你也把這個消息告訴客戶，客戶可能會不忍心再看到你拿著文件跑進跑出，客戶莫名其妙因為開個會就產生了罪惡感，這應該算是給客戶添麻煩了。

什麼樣的關係，才可以給對方添什麼程度的麻煩，這就是分寸。就是因為對每個人分寸的標準不同，才需要拿捏啊。

而尊重人際界線的人，一旦感知自己得到別人好處，懂得想著回報，這就是俗話說的「知好歹」。我們要判斷一個人是否把人際關係只當成理所當然的贈品，看這個人「知不知好歹」，就能看出來。

不知好歹的人，一輩子會錯過多少珍貴的機會，你看看身邊，總是會看到一些血淋淋的例子。

「妳照顧我那麼久了。」
為了表示感謝
我決定在遺囑裡
寫明送一棟房屋
給妳。
謝謝！不過這樣的財產會少一份
老爺，可不可以把你獨子給我做兒子？
這樣你既能保全部財產，他也能有個媽。
…？

10.

說是「為你好」，其實就是不知分寸

人我之間的界線，要讓我平靜、自在、舒服。

所有的形容詞、所有的座右銘，都是相對的，你說「苗條」得像仙女，她說「瘦得像鬼」；你說「賺了錢就是要花」，他說「優秀的人不會被物欲控制」。這些形容詞或座右銘，都不是什麼永恆的真理，都只是某人在某時的感悟，都只是字罷了，都只在你想用的時候，它們才有用。**你今天覺得有用的字句，明天可能不符合你的需求了；二十幾歲相信的事，到三十歲發現是鬼扯。這源自生活的變化與我們各自的成長，不用大驚小怪。反而是一直傻乎乎的死抓住小時候相信的東西不肯放，那才值得擔心。**

用這些字句來支撐你，而不是束縛你。你是這些字句的主人，由你來取用它們、使喚它們，輪不到它們倒過來使喚你。

找到界線，才能活得清爽不油膩

在追尋分寸感的時候，踢開那些常聽見的形容詞，什麼「謹小慎微」、什麼「心細如髮」，好話壞話，都請踢開；值得我們專注的，只有一件事，就是：我與人之間，樹立什麼樣的界線，能令我平靜、自在、舒服。

每個人需要的界線不同。我們要找到我們自己需要的界線，才不會動不動就與人擦撞，傷及自己與對方。你一定要開推土機當交通工具，那就去找適合開推土機的道路，不要開著推土機去搶腳踏車的專用車道。

即使你漸漸摸索出了適合你的界線，也請理解，你對這個界線的需求，是會改變的。

新婚時，與離婚後，對於與鄰居接觸的需求，應該會不一樣；健步如飛時，與腳扭到坐輪椅時，搭電梯所需要的空間，也會不一樣。

有些界線，會在你脆弱或心亂時才浮現。這種時候，你就會說：「我想靜靜」。把城堡的吊橋拉起，把鐵門拉下，即使是連你說很想念的靜靜，也一併關在門外。

很多人沒有花精神摸索出自己需要的人際界線，卻一味的盲從別人鼓吹的習性，覺得週末就該出去喝酒，逼著自己去嘈雜的酒局，才喝一杯就焦躁了，想回家；或者根本不想跟局中這些人講話，快快把自己灌醉了事。第二天忍受宿醉痛苦之餘，不禁自問：「所為何來？」

是啊，所為何來？

對「界線」一無所知的後果，不但容易委屈自己，也容易冒犯別人。

一旦不懂「界線」是怎麼回事，找不到自己的界線，也會看不出別人的界線。於是人云亦云的以為所有的上司都喜歡被拍大而無當的馬屁、所有的情人都喜歡二十四小時噓寒問暖、所有新婚夫妻都想要早生貴子、所有病人都覺得好死不如賴活。

這就是誤會一再產生的原因吧。

我們的生活應該避免誤會，而不是一再製造誤會，不是嗎？**即使我們不可能伶俐到去讀人的心，我們起碼可以在察覺別人的界線時，尊重那個界線，理解界線的後面，就是屬於對方的空間。一旦能有這樣的認知，我們也就成為了一個「明白」的人。**

傳說中那些「自重」的人、「自在」的人，都是這樣來的。當然，也會有人說這些人「自以為是」「過於自我」，但我前面已經說了，這些形容詞，要扯起來，永遠沒完沒了，一旦你能掌握自己的界線，這些字句就沒有大用，一腳踢開即可。

幼兒時走路跌跌撞撞，撞到誰都不會引起對方責怪，等到長大，我們就不再跌跌撞撞的走路了。摸索界線、追尋分寸，就是長大的過程。這樣長大，不會油膩，可保清爽。

為你自己好就好，不用「為我好」

酒保正在忙著把一批新到的酒放進櫃子，酒吧老闆不但不幫忙，還來給他添亂。

「我要介紹一個很好的女生給你，等一下就會來店裡了。」老闆說。

「我又沒有要認識新的女生。」酒保冷淡的回答。

「等一下這個很好，跟那些每天晚上來這邊把自己灌醉的女生不一樣。」

「別這樣說，那些每天晚上來這邊把自己灌醉的女生，也沒什麼不好，更何況她們還是我們的衣食父母。」酒保冷淡的回答。

「反正多認識一個人也很好啊。」

「老闆，我忘了告訴你，我跟我之前結婚的太太雖然分開了，可是還沒有辦理離婚哦。」

「咦？我怎麼不知道？」老闆說。

「這是我的私生活，老闆你當然不用知道啊，我已經是個大人了，老闆你不用替我的私生活擔心，但是隨時歡迎你幫我加薪。」酒保露出一絲燦爛但應酬的微笑。

「你現在儘管嘴硬，等一下看到人家有多漂亮，你就會感謝我了。」老闆說。

「我是來調酒的，不是來相親的。我要出去買材料了，老闆你先顧一下店吧。」酒保說完，臉上毫無表情的走出去了。

老闆有點下不了台，只好轉而找正在莫名其妙微笑的過氣主持人取暖。

「這小子，真不知好歹。」老闆說。

「我倒覺得他挺知道好歹的啊，像我從來沒有打算干涉他的私生活，他就知道我是好人；你老是想干涉他的私生活，你就是歹人。」主持人說。

「天地良心，我都是為了他好啊。」老闆說。

「他覺得好還是不好，只有他說了算。你嘴上雖然說是為了他好，但多半是為了你自己好吧？」主持人說。

「胡扯，女生是要介紹給他的，我能有什麼好？」老闆說。

「只要讓你可以有理由跟這個你看中的美女多講幾次話，多見幾次面，你拿誰來當誘餌都不稀奇啊。如果這個美女喜歡科摩多大蜥蜴，我打賭你今天就開始養科摩多大蜥蜴了。」

主持人這話剛講完，酒吧的門推開，走進來一個大美女，果然沉魚落雁。「大美女，你喜歡科摩多大蜥蜴嗎？」主持人沒頭沒腦的大聲問。

大美女愣住，老闆抓抓頭，主持人大笑。

釐清分寸的五個態度

外形出色的酒保先生，肯定是還沒有讀過你手上這本書的，但是酒保達成了幾項情商關於人際關係方面的指標，我們可以一起來研究一下：

（1）**主動，主動，主動**：在酒保跟酒吧老闆來回短短幾句話裡，酒保主動而且明確的表達了自己的幾個立場：他沒有要認識新女生。／他把粉絲當成衣食父母。／他其實還沒離婚，可是這不關老闆的事。／他已經是個大人了，可以處理自己的私生活。／他歡迎加薪。／他的工作是調酒不是別的。／然後，非常重要的，他主動離開現場，讓談話告一段落。

（2）**不要就範，不要就範**：在酒保跟酒吧老闆來回短短的幾句話中，酒保沒有一次讓步，沒有一次就範。酒保不但不接受老闆的安排，甚至連老闆對顧客的態度都加以指正。

（3）**保持距離**：酒保畫下了明確的防線，一再向老闆強調，酒吧是他上班的場合，他的專業是調酒，而且也明確的把工作跟私生活分開，只要老闆稍微踩到了界線的這一邊，酒保就把老闆推回界線的那一邊，雙方表演了一場有攻有防的太極拳。

（4）別被摸透：酒保為了不要被老闆摸透，放了一個煙霧彈。酒保到底有沒有離婚？根本沒人知道。這個煙霧彈不但更加隱藏了酒保的實際狀況，同時也擾亂了老闆的攻勢。然後，酒保逮到機會就離開現場，不讓談話繼續，以免被問出更多資訊。

（5）轉移重點：在整場談話中，酒保絲毫不管前因後果的，沒頭沒腦的提出了加薪的要求。這可以達到三個效果：第一個效果是向老闆潑冷水，阻止老闆繼續一頭熱的陶醉在他自以為的好意裡。所謂的講到錢就傷感情，讓老闆猛的想到錢這麼現實的東西，立刻就驅散了粉色的煙霧；第二個效果是傳達了酒保本身真正的需求，提醒老闆別再該做的不做，不該做的亂做。這甚至可以訓練老闆，讓老闆學乖，不要再隨便找酒保聊私事，以免酒保動不動就提出要加薪。就像訓練小狗時，只要小狗一咬你，你就使用頸圈輕而明確的勒一下小狗的頸子，讓小狗清楚感到不舒服。幾次下來，小狗再也不咬你；第三個效果是，提出加薪強調了酒保沒有忘記尊卑之分，對方依然是老闆，酒保依然需要老闆在酬勞以及福利上的照顧，但工作以外的照顧就免了。

你讀酒保與老闆對話的那一段時，應該就是隨便瞄過，因為這麼日常的對話，連續劇裡一撈就是一大把。

但就是在這樣平淡無奇的生活場景中，酒保對付了一個自以為好心、但缺乏分寸感的人。

委曲求全，沒人會感激你，包括你自己

如果酒保可以這樣對待他的老闆，我們要不要也試著這樣對待我們身邊那些自以為好心、但缺乏分寸感的人呢？

可能有人覺得，酒保做得到，是因為酒保知道自己是酒吧的台柱，有恃無恐，我們一般人未必能這麼有底氣。

嗯，先在紙上試一試也無妨啊。

比方說，有長輩硬要安排你相親時。

（1）主動，主動，主動：我們的主動可以表現在

ⓐ我們宣告已經有想追求的對象或是正在交往的對象。

ⓑ我們現在還單身，但是宣告我們為自己規畫了感情進度表，依據這個表，目前

還沒有要找交往對象。

（2）不要就範，不要就範：我們的不要就範，除了拒絕去相親外，還可以有其他方法

ⓐ可以為長輩解說。在長輩的年代，相親也許很普遍，可是現代人已經有其他有效率的交友方式。也就是不用把長輩當敵人，而是當成暫時無知的可造之材，教育他們，開化他們。

ⓑ取得相親對象的連絡方法，主動告訴對方目前不想相親，如果對方真有那麼餓，可以為了填飽肚子而一起來頓純吃飯。

再找個例子。

有主管總是找你下班一起去喝酒。

（3）保持距離：對於這位主管，我們保持距離的方法可以是

ⓐ每次都拉同事一起去。喝酒的時候，把同事放在自己與主管之間，在心理上以及物理上都盡量拉開距離。

ⓑ在平日上班時間，不斷在同事面前，以只適合用在父執輩的那種語法跟態度，向這位主管表達敬意。如果偶爾帶吃的喝的給同事們，那帶給這位主管的也永遠是只適合長輩的養生保健品。讓主管明確的知道，在你眼中，他就是上一代

的長輩，沒有遐想的空間。

（4）別被摸透：對於這位主管，我們避免被他摸透的方法，可以是

ⓐ表現得酒量很差，稍微喝了半杯以後，就開始在佯醉中顯現會令對方掃興的某些個性或觀念，比方一直表現得想自殺，或表現得極度痛恨男人，讓主管覺得你這個人有很多黑暗的過去、非常棘手。

ⓑ找聲音比較老的朋友，假裝是父母打電話來，要求你及早回家照顧生病的父母，你甚至可以在接聽這通電話時，告訴電話另一頭的假父母，你正在跟非常有責任感的主管喝酒聊天，然後把電話交給主管，讓假父母直接在電話中感謝主管的照顧（不太建議使用真父母，以免真父母入戲太深，反而搞得父母又變成越過界線干涉你生活的人）。這當然是故弄玄虛，因為我們就是不想被摸透啊。

再找個不會拿捏分寸的例子。

有一個你的死黨，總是在挑撥你與其他朋友之間的感情。

這種死黨，可能是想要在你的朋友排行榜上永遠占據第一名，或者挑撥離間是他操弄人的手段，可以令他覺得自己比別人優越聰明。

可是請記得，今天會在你面前挑撥生事的這位死黨，明天也會在別人面前挑撥你的

事。

這當然也是一種自認為對你好，但其實是自己在爽，卻侵犯了你的界線的人。對這樣的人，當然也會建議：主動，不要就範，保持距離，別被摸透，以及：

（5）轉移重點：對於這位死黨，轉移重點的方式可以是

ⓐ在他挑撥離間的時候，不要順著他走，而是讓他聽見你對友誼的需要是什麼，是陪伴？支持？還是傾聽？讓他知道你沒有在享受背地講人壞話的樂趣，讓他知道做你的朋友不需要在乎排行榜上的名次。

ⓑ當然手段高明的挑撥離間，不容易穿幫，很有感染力，遇上了很難保持清醒，只好算我們倒楣；但如果是一般段數的挑撥離間，只要你願意，很容易察覺。當你不想再聽對方誇張的挑撥離間時。你只要告訴對方，他正在講壞話的那個當事人，湊巧前兩天剛稱讚過他，這位挑撥離間的死黨，聽說對方竟然曾經稱讚自己，當下一定會有所收斂。

這其實也是一種主動，我們要主動引導、主動塑造我們期待的友誼或同事關係，而不要老是被動的在這麼重要的事情上隨波逐流。

如果你願意再回頭看看以上的五個重點，你會發現這五點都來自同樣一個根源。對於重要的人際關係，我們要培養勇氣，勇於做主，而不是任人擺布，結果受盡委屈。

也許你覺得這些方法當中，有些略顯誇張，但請想想生活中各種沒分寸的人，他們一旦沒分寸起來，不也挺誇張的嗎？

從《為你自己活一次》到這本書，我都一再建議你，不要成為一個委曲求全的濫好人。沒人會為此感激你，包括你自己。

可以清一下嗎？
親臉還是嘴？
警察先生，就是他

11. 缺乏父母愛的小孩，長大後也可以活出精采

幸福是體會來的，不是比對來的。

一個酒吧要吸引人，燈要夠暗，音樂要夠酷，最重要的，酒精要夠多。至於酒保長得是否夠好看？只求一醉的客人們，逢場作戲而已，其實一點都不在乎。如果喝了半小時，客人還能看得出酒保長得好不好看，只表示酒精還不夠。

吧台旁三位看似念大學的女生，只背著小小的包包，這樣才有理由把塞不進包的原文課本抱在手上，厚厚的書皮上印著外文，在酒吧裡成為散發特殊魅力的小道具。她們先是把頭靠得很近，對著過氣主持人的背影，小小聲的討論著。過氣主持人的耳朵都快要豎起來了，顯然很享受這久違的被討論的感覺。不過很可惜，事情沒有依照過氣主持人的期望發展，三個女學生並沒有過來要求簽名或合照，她

們轉過頭去，嘰嘰咕咕的跟酒保討論著。雖然只看到背影，也看得出主持人的肩膀瞬間垮下，顯然打擊不小，可見名氣累人，遺毒後半生。

她們應該是打算用調酒來搭配衣服，每個人都選了一款顏色起碼有三層的酒。其中一位女學生，展示著她爸爸買給她的新手錶，另外兩個女學生，頓時就開始埋怨自己的爹娘。

「你爸真的把你當公主耶，我爸根本連我的生日都不記得。」

「我媽才過分呢，從小只要有人稱讚我長得漂亮，我媽就會趕快搖著手說，沒有沒有，哪裡漂亮了？她自己也從來沒有稱讚過我漂亮。」

沒有手錶可炫耀的兩個女學生，表現出缺愛的症狀，嚴重缺乏父母的愛。

酒保將三杯色彩繽紛的酒，送到了三個女學生的面前。

「麻煩你們三位把證件給我看一下，我們不能賣酒給未成年的人。」

三位女學生這下可高興了，嘻嘻哈哈的把證件掏出來。

「想要我們的電話就直接說嘛，假裝看什麼證件。」女學生們開心的笑鬧。

酒保看了看證件，說：

「真的都已經成年了，其實可以像個成年人那樣去面對爸爸媽媽了。」

主持人偷聽到這本來該由自己口中傳出的佳句，竟然卻被酒保如此輕而易舉的說出，主持人的肩膀更垮了。

想要修補缺憾，也不必裝小孩

如果是在氣氛放鬆的家庭，成年了還繼續裝小孩，當然是一種樂趣。

但是，在氣氛沉重的家庭裡，如果成年了還繼續裝小孩，對爸媽或者對自己，應該都會搞得大家更痛苦。

你一定會懷疑：如果是氣氛沉重的家庭，小孩逃離都來不及，哪還會有心情已經長大了卻繼續裝小孩呢？

妙的是，很多人雖然逃離了家庭，一旦想到父母一直都沒有給自己足夠的愛時，就很容易不由自主的恢復到小孩的狀態，想拿到小時候該拿、但是沒拿到的那些愛。我們小時候如果一直吃不到霜淇淋，長大有能力以後，就會買個霜淇淋吃，修補一下童年的缺憾。小時候如果一直沒錢買玩具，長大有能力以後，可能會比其他大人更愛買玩具，就算根本不想玩，只是放著看看也高興。

同樣的，**如果我們感覺到小時候缺少了爸媽的愛，很可能長大以後，我們還是沒有**

辦法用大人對大人的態度，來面對爸媽。當我們想要修補缺憾時，又不由自主的回到了小孩的狀態，向父母索討那些愛的表現：禮物、稱讚、寵愛。

活著的才是愛，不然就是愛的標本

當初沒有得到的東西，一定要補回來嗎？就算補了，還會感覺是同樣的東西嗎？人一輩子持續在變化，自己在變化，父母也在變化。小時候令我們失望的父母，過了許多年，當然有改變。

我們自己變成大人了，我們想要的愛不見得是小時候所期望的那種愛。長大了以後，我們的生活裡會多很多值得珍惜的東西，重要的程度遠超過霜淇淋或玩具或曾經想要而不得的愛。

小時候感受不到爸爸媽媽的愛，當然很遺憾，可是我們的生活會越來越豐富，走進我們生活的人會越來越多，缺少爸媽的愛的缺憾，殺傷力會漸漸減少。

有些人會對當年爸媽的表現感到諒解，有些人就算不能諒解，也覺得算了。

把自己當作成年人，也把爸媽當作成年人。既然雙方都進入了不同的人生階段，可以試著改用新的標準，來要求彼此的愛，而不是像抓通緝犯那樣，死命追究小時候所缺

的那份愛。不同的人生路段，速限會不同，路邊風景也不一樣，不是嗎？

小時候沒吃到的那份霜淇淋，長大時早就融化了。如果這麼多年還沒融化，肯定是蠟做的。

只有活著的，才是愛，不然就只是愛的標本而已。

感覺「缺愛」時，也許是你拿錯範本了

不過，我對於「缺愛」這種感覺，有點掃興的小提醒。

會感覺到「缺」，表示心裡期待了一定的份額，但沒有拿到。

菜單上照片裡，小餛飩湯每碗細數有二十粒小餛飩，結果送上桌時，竟然只有十八粒，這當然就「缺」了，要補上。

店家如果陰著來，每碗確實保持有二十粒小餛飩，但每粒小餛飩裡面包的餡料減少百分之十，這樣就比較不會穿幫了，除非你把每一粒拿起來用吹風機吹乾了，再上秤去秤重（即使如此，我也從沒見過菜單上會標明每粒小餛飩的餡料重量的）。

親情、愛情、友情，都不可能有菜單上拍好的完成品的照片，供你拿來核對內容有

沒有缺斤少兩。

對於友情，**我們從小就在課本上學到「伯牙摔琴」這樣的故事，或「兩肋插刀」這樣的成語，那可以算是友情菜單上最奪目的照片了。但要是有誰拿自己得到的友情，去跟這些奪目的照片比對，當然會覺得黯然無光、大缺特缺。**

伯牙摔琴的故事是這樣的：俞伯牙很會彈琴，鍾子期很懂聽音樂。伯牙彈琴時如果心中想著山，子期就能聽出並且讚嘆「琴聲高峻，這山好雄偉啊」；伯牙想的如果是河，子期也能聽出並且讚嘆「琴聲奔騰，這河好浩蕩啊」。後來子期過世了，伯牙就把琴弦扯斷，把琴摔爛，從此一生不再彈琴。

真是動人的故事，也讀得懂這種惺惺相惜的珍貴友誼，但要拿這故事來核對的話，那我們得到的友情都不可能這麼戲劇化。

《康熙來了》這節目名稱，被五月天的阿信寫進《歪腰》的歌詞裡，我已經覺得很榮耀了，但《康熙來了》節目停播的時候，我可沒指望有任何歌手把琴摔了，從此不再演唱。（更何況，阿信演唱的時候，他心裡在想什麼，我根本聽不出來。他在想愛玉冰時，我聽見的是甜甜圈；他在想麻辣鍋時，我聽見的是咖哩飯……）

我們的知心好友，如果有一天不在了，我們大概不會決絕到為對方摔爛琴、折斷筆、拆掉方向盤、熔化切肉刀，自廢九陽神功，從此不再做自己最擅長的事。我們比較可能為這位已經不在的知心好友，特別寫一首歌、做一道菜，或帶著他的照片開越野車去一處他沒機會去的地方探險（當然，能夠流傳千古的故事，總需要比較激烈，但在真實的生活中，恰如其分才有助於活下去。把琴摔爛，等於拒絕了再遇到任何知音的可能，用自己的才華與樂趣，為對方陪葬。可是陪葬的觀念，確實對生死雙方，都是損傷啊）。

當我們感覺缺愛時，探索一下這個缺乏感的源頭：是不是我們拿了根本與我們無關的人生當成範本，才會覺得缺少？這份愛真的有缺嗎？缺的是餛飩的數量，還是餛飩的餡料？

別縱容自己放大缺乏感

作家木心寫過很多迷人的短句，當中有一句的意思是：「原來這樣就是幸福了。」

幸福是體會來的，不是比對來的。一再去比對，永遠不會感受到幸福。

有些女生把小時候看的公主童話，當成菜單上的漂亮照片去點菜，以為會得到一樣的王子、一樣的愛情，結果菜上桌了失望，吃下口更失望，但其實沒關係，很多經歷了這些失望的女生，後來會跟木心一樣，體會到「原來，這就是幸福了」。

有沒有妥協？當然有，但有沒有關係？沒關係啊。

你會覺得妥協，正是因為你懷抱著一份期望，這份期望來自不知道哪家米其林三百顆星的菜單上的漂亮照片。

亂抱期望，就一定多忙，而且忙得沒完沒了，也沒有滿足的一天。

可以的話，請不要縱容自己任性的放大這些缺乏感，太陶醉於當受害者，那是自討苦吃。

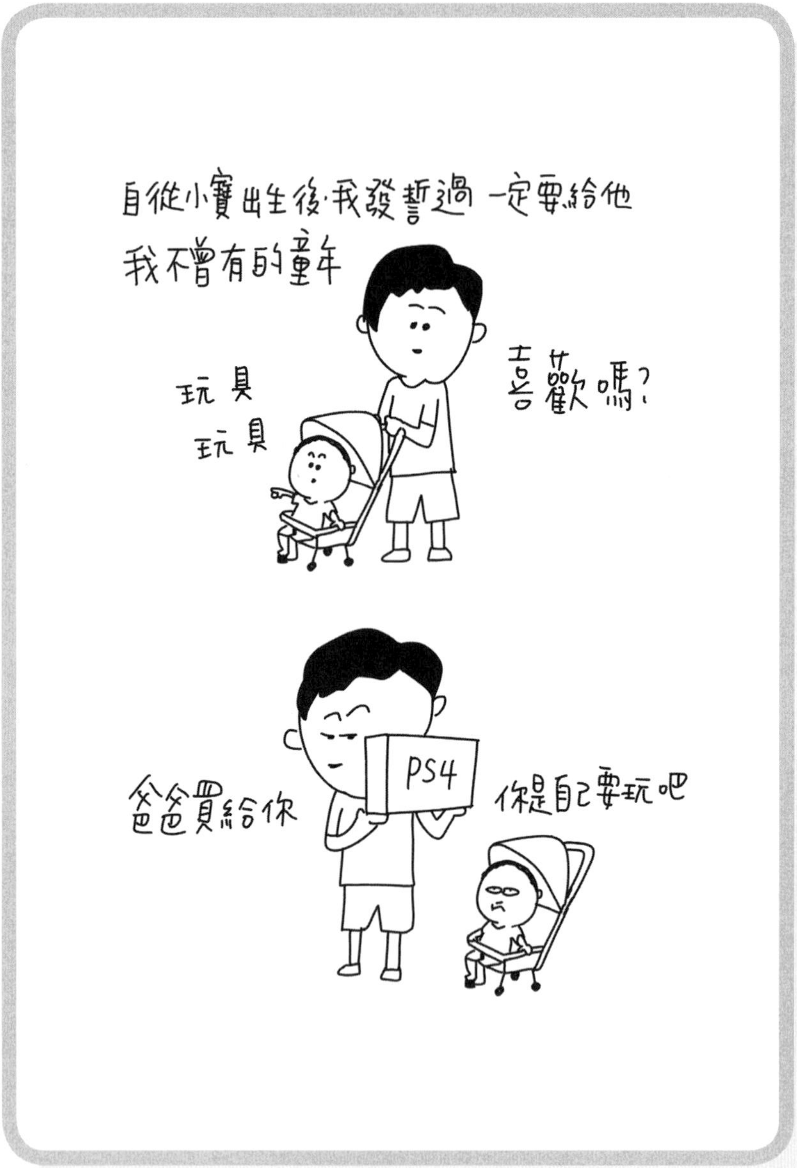
自從小寶出生後·我發誓過 一定要給他
我不曾有的童年
玩具
玩具
喜歡嗎？
爸爸買給你
PS4
你是自己要玩吧

12. 比父母過得好，也不需要有愧疚感

跟父母分享你的幸福，而不是被罪惡感綁架。

今天酒吧有點詭異，好多客人竟然都長得很像，彷彿是不約而同的惡作劇一樣，放眼望去令人略暈。

坐在吧台最右邊的老客人，還是那位過氣的節目主持人。這傢伙寫過不少書，總是以為到酒吧裡來借酒澆愁的客人，會想要問他問題。可惜的是，當別人真的提出問題的時候，他往往說不出什麼了不起的答案。可能是他反應變慢，也可能是他終於理解到，大部分人面對人生的麻煩，會覺得看書太沒效率了，灌幾口酒，把自己灌暈，也就把麻煩從馬桶沖走了。要是馬桶終於塞住，怎麼辦？嗯，再用力灌下更多的酒就行啦。

半夜一點，一對西裝筆挺的雙胞胎走進來，他們一坐下就把領帶用力的扯開，用的

力氣之大，好像是別人強迫他們把這條繩子套在脖子上一樣。兩人同時都點了馬丁尼，一個說他的馬丁尼不要髒的，另外一個說他的馬丁尼越髒越好。

領帶是米老鼠圖案的那個先開口了，他說：

「我們兩個被倫敦的銀行挖角了，薪水是現在的三倍。」

過氣主持人雖然答題能力退化，但還是很能說些錦上添花的應酬話，果然就順理成章的舉起酒杯來，接了話。

「恭喜呀，大展身手。」

米老鼠領帶的那位禮貌的回敬，舉了一下杯。但是，領帶圖案是凱蒂貓的另外那位，輕輕的嘆了一口氣。

「我們家兩個老的，一輩子都沒有坐過飛機，眼看已經老到坐不動飛機了。現在一下子，我們兩個都要跑那麼遠，倫敦的銀行也不會讓員工放亞洲這些假，以後可能連過年都沒辦法回家看看……我們還沒有要飛，媽媽光是聽到這個消息，就已經開始每天哭了。」

過氣主持人聽了，可能連帶的也為自己感到寂寞，嘆了一口氣，沒有再說話。

倒是米老鼠領帶的那位，勉強打起了精神。

「但是我們薪水多了，就可以請人照顧他們了。」

「你們是因為日子過得比爸爸媽媽好，而感覺到罪惡嗎？」長相好看的酒保，開口說話了。

雙胞胎聽了之後，忽然愣住了。他們確實是感到煩惱，可是煩惱跟罪惡感不一樣啊，為什麼酒保會這麼莽撞的推測他們是感覺到罪惡？難道酒保自己到大城市來賺錢，也對於拋下爸媽感到罪惡嗎？

有的父母就是要你感恩一輩子，怎麼辦？

我們很多人的父母早年都過得很辛苦，理所當然的，為了要養大小孩，他們一定過得比原本更辛苦。

因為父母的辛苦和照顧，我們順利的長大，結果我們長大之後，日子過得比父母好。理論上，這應該就是父母的期望，父母也一定會為我們的成就而高興，可是除了高興之外，恐怕難免有別的感覺。

當別人得到了好東西，而我們自己沒有的時候，很難單純的為對方感到高興，這是我們體內動物的本能。兩個原始人，面對唯一的一塊肉，如果對方得到那塊肉，而自己餓肚子，哪有可能會為對方感到高興。只有可能回到山洞裡痛切的反省，下一次如果再遇到同樣狀況，怎麼做才能先把肉搶到手？那是你死我活的對決，誰有閒工夫去聊什麼風度跟教養？

這種求生存的天性，使我們無可奈何的會嫉妒別人，會對別人的成功眼紅。

父母除了是父母之外，當然也同時是人類，人類會有的天性，父母也都會有，例如嫉妒。父母看到孩子長大以後，生活更精采，享受的各種設備都更先進，看到了比自己看過的更廣闊得多的世界，而自己的人生大致已成定局，很難有新的火花。處於這個狀況的父母，除了為孩子感到高興之外，同時難免自傷身世。

情商高的父母，會把這份自傷身世，當作合理的感覺，適當的去體會（品嘗各種滋味，本來就是活著的本質）。可是一定也有一些父母，會忍不住把這份自傷身世傳遞給孩子。這樣做的父母是希望孩子能一再的確認父母存在的價值，甚至最好能在發出去的每張名片上都大大的印著：「我雖然長大又成功，但我仍然需要我的爸爸媽媽。」

中文裡強調這種要求的成語，出現的頻率很高，遠超過其他的語言，像是「不忘本」「飲水思源」「吃果子拜樹頭」，或者是意思相反，但出發點一樣的，像是：「過河拆橋」「忘恩負義」「數典忘祖」「翅膀硬了就想飛了」「也不想想這一切都是誰給你的」等。我們的文化非常在乎給出去的東西，對方後來有沒有報答。

如果是朋友同事，那都有分開的一天，人情有沒有還乾淨之類的事也就只好不了了之，唯獨父母是一輩子的，有的父母不但不會容許你過河拆橋，還希望你一輩子都把這座橋扛在背上。

幸好這件事情，可以疏導成為良性循環，**越是見過世面的父母，越是生活精采的父母，越不至於把生養孩子當成是自己人生的唯一成就，也就越不至於把孩子的報答，當作是曾經被需要的唯一證據**。相對的，有些人可能覺得自己人生唯一明確的成果，就是生下了也養大了孩子，這樣的父母可能就會比較常用「沒有我，哪來的你？」這樣的句子，以及這樣的心態。

面對這樣的父母，不斷的報答，似乎是唯一解決方案。如果父母要的是物質的報答，起碼還比較具體，但如果父母要的是非物質的報答，那就會沒完沒了。

孩子的罪惡感要恰如其分，不能無邊無際

物質上生活過得比父母好，可以在合理的範圍內，跟父母分享這些物質。可是，如果是精神上過得比父母幸福，而父母卻覺得自己過得不幸，那麼，孩子通常就會亂了陣腳。

舉個例子。如果有一位母親，為了讓孩子的成長環境符合主流的標準，於是在明明應該離婚的情況下，依然勉強跟她痛恨的丈夫繼續苦撐了十年，撐到孩子終於成年了，也就離婚了。但這位母親在這個年紀離婚，要再次尋找伴侶的競爭力，當然也就比十年前差很多，如果一直都找不到伴侶，那這位母親的生活裡就只剩下了一個人，就是她的孩子。

當這個孩子有了自己的人際關係，有了自己的戀情，建立了自己的家庭，能夠分給母親的時間跟心力當然就大量減少。這種時候就會出現孩子過得越幸福，母親越體會到自己不幸的情況，母親感覺到自己被排除、被遺棄、被忘記。

處於這個狀況下的孩子，罪惡感會很強烈，好像自己過得越幸福，越對不起爸爸媽媽。

請永遠記得情商當中強調的原則：恰如其分。

父母可能一直沒有機會認真面對情商的存在，沒辦法在自傷身世的同時，恰如其分的把這些感受當成生活本就會有的成分看待，這時孩子的罪惡感就要恰如其分，不能無邊無際，不能一生一世，這就是我們說的合理範圍。

在物質上想要報答父母的孩子，會在合理的範圍內跟父母分享這些物質，這個所謂的合理範圍，當然是根據孩子所擁有的能力，依照孩子的意願，畫分出一定的比例。因為物質很具體，無非就是金錢或者是生活要用到的設備，衡量起來比較容易。

在非物質上想要報答父母的孩子，也請用同樣的態度，拿捏同樣的原則，以你所擁有的幸福為基礎，按照你的意願，畫分出一定的比例，跟父母分享你的幸福。

收入比父母好、財產超過了父母的孩子，會有恰當的罪惡感，他們不可能故意把財產全部都丟掉，把自己弄到跟父母一樣窮。

孩子如果這樣做，父母只會覺得這孩子是笨蛋，才不會倒過來稱讚他。

而自己感覺比父母幸福的孩子，也應該懷抱一樣的立場，盡量讓自己的罪惡感維持在恰如其分的程度就好，而不是故意避免活得太爽、故意去陪著父母一起感覺不幸。

孩子如果真的這樣做，父母只會感覺自己更不幸啊。

不要讓罪惡感阻礙你追逐夢想

對於共度生活的伴侶，我的建議也一樣。

主流的原則仍是男外女內，而持家帶孩子的女方，仍沒有明文規範的薪水收入。根據已經形成的默契，女方的收入來自家用費的自行分配，能夠分配到有多出來的家用預算，就算是女方持家的酬勞。

在伴侶關係中，這樣的女方成為沒有薪水的輔佐者。沒有她的輔佐，男方一定顧此失彼，手忙腳亂。

有部取材有趣的電影《型男飛行日記 *Up in the Air*》，其中聊到伴侶的重要時，男主角說了這句：「人生有個伴更美好，每個人都需要一個副駕駛。」

正駕駛本來就應該對沒正式領薪水的副駕駛心懷歉疚，恰如其分的歉疚；而副駕駛也該心懷一定程度的落寞，恰如其分的感受它。

都是大家各自的人生選擇，想必也有副駕駛對於不用出外工作很開心的。

我們每個人享受的成果中，一定有不少是別人讓給我們的，我們因此而產生的歉疚，要量力而為的表達，而不是迴避，更不要因為罪惡感，就放棄去追逐更大的夢想。

最打動我的電影之一：《舞動人生 *Billy Elliot*》，出身礦工家庭的小男孩，意外的被芭蕾舞打開了人生，他去考舞蹈學校的經費，全部來自一窮二白的礦工們湊出來的錢，所幸他完全沒有被這份家鄉的善意所絆住，沒有因歉疚而放棄那些礦工一點也不懂甚至嗤之以鼻的舞台。

跟一群失業礦工拿錢，去考皇家芭蕾學院，我太喜歡這個故事了。要為了罪惡感，而坐下陪大家一起哭嗎？不，要讓人生的副駕駛們與有榮焉，要讓他們體會到他們成全了本來與他們無關的美好成果。

比別人過得好時，優越感令人討厭，而歉疚感要恰如其分。恰當的歉疚感是知恩感恩，但過度的歉疚感，會玉石俱焚。

人的感覺，提供了各種用途，其中一個用途，是被我們拿來當藉口、變成幫凶，阻止自己去嘗試值得但費勁的事。

不要上這個當，不要把感覺用來築牆，然後把自己關在牆裡面。

然後，請容我提醒諸君：**美好的人際關係裡面，一定充滿了讓步妥協，互相遷就。**

你一個人出去吃飯，確實很自由，想吃什麼、想吃得很沒儀態很大聲咀嚼很用力舔牙齦，都沒人管你。但一個人吃，能點的菜就是很有限、吃到好吃的也無人可講，也沒人聊天。每多一個人跟你一起去吃，你就會多一些拘束，點菜也要跟人商量一下，不能完全照自己意思，萬一有人遲到或是過敏，也都要遷就著。但多一些人吃，就是能吃到更多菜色，是一個人吃不到的。

人生也是如此，一直獨食，太可惜了啊。

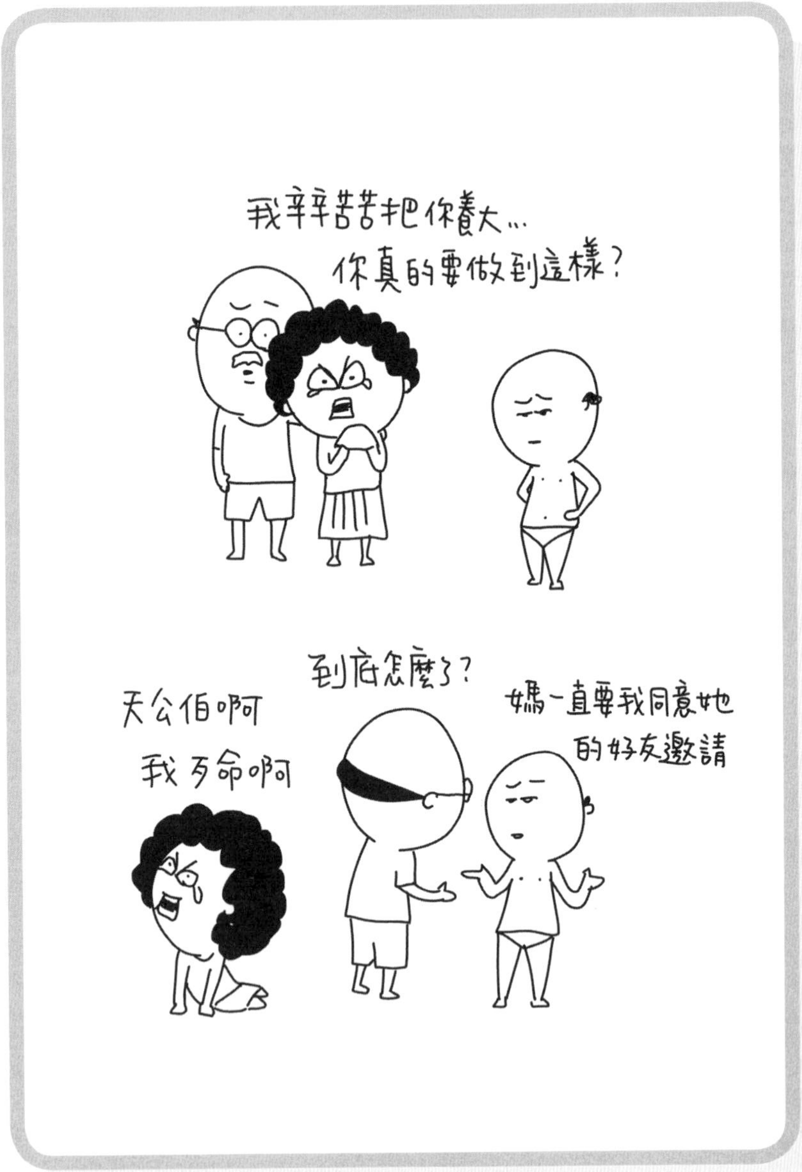
我辛辛苦苦把你養大…
你真的要做到這樣？
天公伯啊
我歹命啊
到底怎麼了？
媽一直要我同意她
的好友邀請

13.

虛擬世界建立的關係，一點都不虛擬，還很真實

哪個世界能給我們尊重、感情和存在價值，我們就會想要住在那個世界。

初次見面，約在深夜的酒吧裡。

夜行性動物的約會。

他們很明顯是初次見面。

初次見面的約會，有一種小桌子被放在懸崖邊上的緊張感，好像只要有一方令對方失望，就會立刻刮起一陣大風，把整張餐桌都刮走，把兩人各自刮回原本封閉孤單的小房間。

酒吧老闆雖然不動聲色的調著酒，但每次有這種詭異的約會，他都還是不免以眼角餘光偷偷觀察，在心中默默代他們沁出幾滴冷汗。

老闆本來還在想，是否應該把音樂關小聲一點，方便他們倆說話。然而他們並沒有要說話，兩個人拿出了各自的手機，低頭傳著簡訊。酒吧老闆看了覺得很新鮮，忍不住用手肘頂了頂坐在吧台的過氣主持人，醉醺醺的主持人轉頭看了看。

「兩個人在約會呢……你看，兩個人都笑了嘿……」主持人邊觀察邊咕噥著。

果然，這坐在同一桌的兩個人，似乎在手機上聊得很開心，臉上都出現了微笑，在黑暗的酒吧中，他們的臉被手機的光照亮，好像有人在森林裡為他們生了一個小火堆。

「還是沒開口說話呢。」老闆觀察著。

「何必開口說話呢？他們已經在說話了啊。」主持人說。「人際關係這瓶幾百萬年的老酒，已經裝入了新的瓶子啊。」

嗯，從人類出現在地球上以來，人際關係又到了下一個階段，這瓶幾百萬年的老酒，從地球上有人類就開始釀造，現在又裝入了新的瓶子。

你看一棵樹的花葉，就知道這棵樹活得怎樣；你看一個人的人際關係，就能直接看見他的情商。情商全部展現在人際關係上：黃蓉一掌打不死的，郭靖一掌就打死了，那是因為郭靖的內力；別人請不動的人，你去拜託就請得動，那是因為你的情商。如果有人說他很重視情商、但不怎麼在乎人際關係的話，他等於是在說，他很重視水龍頭，但他不在乎水龍頭會不會有水流出來。哈囉（敲敲），有人在家嗎？打開了卻不會出水的水龍頭，是打算裝在牆上當成掛衣架嗎？

人際關係沒有完美這種事，只有「剛剛好」

我所相信的情商這三個很日常的原則：陽光～明白，微風～剛剛好，水滴～慢慢來。

所謂的「剛剛好」，就是恰如其分的體會自己的情緒，恰如其分的體會對方的情緒，少了就太壓抑，多了就太多壓力。

抱著這樣的態度，才有可能展開以自己為重心的人際關係，而不是倒過來，被人際關係搞得疲於奔命。

很多人認為人際關係是「身外之物」，不是的。你怎麼處理你每段重要的人際關係，完全決定於你的內心。而**人際關係美好時，盛開的是你的內心；人際關係破碎時，枯萎的也是你的內心。人際關係就是我們作為一個完整的人不可擺脫的一部分，是「沒了就會不成人形」的東西，不是什麼身外之物，是內心之物，是直通內在至關重要的東西。**

生產汽車或藥品，應該追求完美（但其實我們使用的汽車或藥品，也只是姑且應付著眼前的需求，從來沒有完美過）。

但我們作為一個人，過著日常的生活，不是在做汽車或做藥品，沒有道理追求完美。

沒有完美這種東西，沒有完美的人際關係，沒有完美的老闆老師，沒有完美的朋友，沒有完美的情人，沒有完美的爸爸媽媽。

以自己的需求為標準，剛剛好就夠了，不必追求完美，也沒辦法追求完美，因為根本沒有這種東西。

除了「剛剛好」之外，情商的另一個原則：明白，也會大大幫助我們建立以自己為重心的人際關係。

我的另一本情商書《為你自己活一次》，如果曾經有幸得到你的青睞，那麼我相信你已經陪著我一起體會了「明白」有多重要。

要達到明白，就不要隨便接受人云亦云的標準，不要「好像大家都這樣那我也這樣吧」。

「這種事長大以後再說就好了。」「不要老是躲在家裡，要多出去走走。」「結婚不是兩個人的事，是兩家人的事。」這些人云亦云的標準，確實可能適合當成某些人的標準，但不見得是你的標準。

人際關係這瓶幾百萬年的老酒，既然已經裝入了新的瓶子，我們就試用看看「明白」跟「剛剛好」這兩個原則，擺脫一些長久以來對人際關係的陳腐印象吧。

足不出戶的肌萎症少年，其實知交滿天下

以我們每天花在電腦跟手機上的時間與心力來說，我們看起來一個人的時候，其實根本不是一個人（根本不是一個人的意思，並不是指其實是一條狗啦，現在又不是在講冷笑話）。我是說，我們看起來正在獨處的時候，已經不是獨處了。

有一位挪威青年，幼年得了肌肉萎縮症，從此必須坐輪椅，難以出門，難以表達，難以跟人溝通。這位挪威青年在二十五歲過世，青年的爸媽理所當然的以為，葬禮只會有親戚來參加。沒有想到葬禮舉辦時，來了一大堆爸媽從未見過的陌生人，他們來自歐洲各地，都是挪威青年在《魔獸世界》這個遊戲裡的戰友。他們告訴爸媽，挪威青年在遊戲裡熱情、強壯、勇敢，擅長奔跑及游泳，更重要的是，他總是關心戰友，鼓勵戰友，是遊戲裡公會的重要支柱。

爸媽當然很驚訝，爸爸說他一直很擔心，兒子從少年階段開始漸漸變得幾乎不出

門，關在房間裡拉上窗簾，日夜顛倒。爸爸計算過，兒子在人生的最後十年，起碼花了兩萬個小時打遊戲，這等於是一般人做十年全職工作的時數。

爸爸後來看了兒子以遊戲玩家的身分所寫的日記，了解到兒子在遊戲裡交到很多朋友，得到了尊重與感情，那都是他在現實世界裡沒有機會得到的。

挪威青年是在二〇一四年過世的，這個故事距離現在又經過好幾年了，這幾年當然又出現了更多精采的遊戲，出現了更多在網路上交朋友的方法，類似這位挪威青年的各種不同版本的故事，只會越來越多。

我們在乎的世界，是能感受活著的世界

虛擬世界也好，現實世界也好，哪個世界能夠給我們存在感，能夠給我們足夠滿意的人際關係，我們就會想要住在那個世界裡。

誰會想要住在一個自己完全被忽略的世界？即使那個世界是所謂的現實世界。

當然，再怎麼想要住在虛擬世界裡，總會有被迫要回到現實世界的時候。吃飯上廁所，開門拿快遞，被銀行催欠款，帶貓咪看醫生，都必須回到現實世界。但我們不會太在乎這個現實世界裡彷彿行屍走肉一般的自己，我們在乎的是虛擬世界裡、那個能感受

到所有活著的理由的自己。

好消息是，照趨勢來看，虛擬世界的人際關係，會越來越能夠滲透到現實世界。

本來在現實世界，我們為了更好的生活，也許會很想認識一些醫院的人、銀行的人，或其他各種領域可以幫忙我們的人，可是很少人這麼四通八達，就算碰上了機會，對方也未必想認識我們。比起來，在虛擬世界認識這些人，甚至能成為朋友的機會，反而大得多。

一旦在虛擬世界成了朋友，更可能在現實世界也成為朋友。

虛擬世界的人際關係，當然是真的人際關係，而且是重要的人際關係。

我對很多人來說就是一個徹底的虛擬人物，我寫的東西，我做的節目，當然都不是我親手交到你手上的，我跟你也許永遠不會見到面，可是我透過這些方式所建立的人際關係，都給了我最真實的支持跟力量。

當我跟我現實世界的朋友們鬼混的時候，我們通常東拉西扯言不及義，我絕對沒有機會長篇大論的跟他們聊我書裡的這些想法，也沒機會大手大腳的展示我做節目的風格，我如果硬要那樣搞，在他們眼中我肯定就成了一個自戀狂神經病，他們也不會乖乖忍受。

我不知道哪個世界的我比較有意思，但我很確定的知道：我花在虛擬世界的心力，遠遠超過了我花在現實世界的心力。

雖然我絕對不會在面對面約會的時候，用傳簡訊的方式來跟對方聊天，也絕對不會花兩萬個小時打遊戲，但我懂那位挪威青年對人際關係的認定標準。

一通電話，串起一顆顆曾經孤單悲傷的心

我有一個非常喜歡的、虛擬世界的人際關係的故事，想在這邊講給你聽：故事的主人在一家對變性人友善的咖啡店工作，某個夜晚，他正忙著幫客人結帳，店裡電話響了，他以為是打來訂位或找人的電話，沒想到電話那頭是一個察覺自己想變性而壓力大到幾乎就要動手自殺的少年。店員不知如何是好，只能努力跟電話那頭的少年聊天，希望能絆住對方不至於馬上自殺。可是這樣一來，店中無人服務，等著點菜及喝咖啡及結帳的人越積越多。店員正在焦頭爛額不知所措時，客人中一位老太太聽到電話上一些對話，明白了狀況，就主動把電話接了過去，代替店員跟想自殺的少年聊天，店員感激的趕快去忙別的，等忙了一陣，回過神來，他發現：一大排客人排在老太太後面，每個人都自願跟電話那頭的陌生少年講幾句話，因為在這間店裡的每個客人，都曾經獨自面對

那個孤單黑暗的時刻。

你看，虛擬世界裡也多的是散發力量的人際關係啊。人際關係是幾百萬年的老酒，就算裝入了新的瓶子，酒還是必須美味，才值得我們品嘗。而這酒是否美味，決定於我們的作法，不是決定於瓶子。

老公…
我得跟你說再見了
怎麼了?
是我不夠好嗎?
發生了一些事情
很長一段時間,
不能和你見面
又不想束縛你
說出來,
我可以幫妳
老公…謝謝你
但你幫不了我
我明天要去當兵了
蛤?…

Part-2
朋友是你人生的參考座標

14. 關係不對等就無法溝通？你需要一張殺人執照

畫出一塊無戰爭區域，在這裡不吵架，只解決問題。

在酒吧的角落，有一張特別破舊的小沙發，沙發的外皮脫落得很厲害，釘了幾個大補丁，看起來很逞強，又很可憐。

酒吧的老客人都知道，這張小沙發是失戀者的沙發，一聽就懂，這是給失戀的人專用的沙發。

坐在失戀者沙發上的客人，可以得到一杯免費的「超級濃的瑪格麗塔」，任意點三首歌，以及放聲大哭卻不會被酒保過問的特權。

此刻，失戀者沙發上就坐了這麼一個女孩，她的眼影已經被眼淚暈開成了電影《咒怨》裡的鬼小孩。酒保乖乖的把免費招待的調酒，拿給咒怨女孩。

「你們男生為什麼要對女生這麼殘忍？」咒怨女孩哭著說。

「其實我們對自己也很殘忍啊。」酒保無辜的說。

酒保因為外型出色，且有一點頭腦，桃花一直很興旺，對於女生的各種傻問題早已能對答如流。酒保說完飄然而去，留下咒怨女孩獨自邊吞酒，邊落淚。

在酒保聽起來，失戀者的悲傷總是大同小異，他實在沒興趣三不五時就要聽這些東西。他調了一杯加蜜的莫希托，免費送給酒吧的常客——過氣的節目主持人，意思是麻煩他去當咒怨女孩的聽眾。

這個任務對於主持過八十幾檔不同感情節目的主持人來說，根本如同呼吸，反正現在也沒節目主持了。主持人拿著酒，坐到了失戀者沙發的扶手上，用了他的名句：「談戀愛很累吧？」咒怨女孩一聽，果然開始大哭，幸好酒吧的音樂夠大聲，其他客人照樣怡然自得、各喝各的。

其實到酒吧喝酒的人，為了不同原因喝到掉眼淚的，多的是，在學校被排擠的、剛失去大訂單的，都很值得哭。但是酒吧老闆特別為失戀者設了一張沙發，這當中暗藏著一番溫柔心思，就是要向酒吧的其他客人宣告：「此人又恢復單身，有意者不妨趁虛而入。」

酒吧老闆相信，一間酒吧的重點並不是酒，而是喝酒的人，讓客人之間發生故事，酒吧也就有了自己的故事。

和強勢者溝通的「殺人執照」

大部分的人都很害羞，也很壓抑，被從小開始的教養所束縛，覺得表達情感是丟臉的事。

這樣活著的人，需要別人給他一張許可證，才好意思順暢表達情緒，就像英國女王給007情報員發了一張殺人執照一樣。

日記本曾經是很多人的殺人執照，暗戀誰或者記恨誰，都可以不怕丟臉的寫進去。日記本不流行以後，改成可以鎖定閱讀許可權的社交平台，只要設定為「內容只有自己能夠看見」，功能也就等於可以上鎖藏在抽屜裡的日記本（只是有時候喝醉了，閱讀許可權沒有設定好，祕密就會公諸天下，只好在次日移民火星）。

酒吧老闆設一張失戀沙發，就跟想發表公開言論的人在公園裡擺一個小木箱，或是日本的中學生借用學校的頂樓天台，輪流站上去講話，都是同樣意思。

人際關係很難得有真正對等的狀況。古裝戲裡，皇上一時興起，跟侍衛玩摔角，硬是要叫侍衛來真的。侍衛如果夠二百五，真的把皇上給摔了一跤，大太監立刻叫人把這侍衛拖出去斬首。老闆開會鼓勵員工，盡量批評公司，任何問題都歡迎，員工奮勇向前的批評完了之後，當下一定得到臉變僵硬的老闆的讚許，第二天坐在位子上，卻會不時感覺到微微的寒風，體會到職業生涯微微變涼。

以世俗標準而言，處於相對強勢的那一方，所即興賞賜的「別把我當皇上，咱們來真的」那一套，弱勢這方若天真的相信了，很危險。

反而是相對弱勢的這一方，如果能夠大大方方的提出要求，倒過來一步一步訓練強勢的那一方遵守遊戲規則，殺人執照才有可能生效。

設立「無戰爭區域」，在這裡不吵架而是解決問題

我認得一個女生，很會手沖好喝咖啡，只是磨咖啡豆什麼的稍微麻煩一點，她在公司不好意思這樣大張旗鼓的手沖咖啡給自己喝。咖啡香卻驚動了老闆，常常叫她做一杯來喝。當老闆對於咖啡讚不絕口的時候，同部門的同事就趁機提出了「無責任咖啡時間」，整個部門跟老闆約定，以後每次喝手沖咖啡時，部門的員工可以向老闆提出抱怨。

老闆了解員工的苦心，也就答應了，但從此喝手沖咖啡的時候，也就成了老闆傷腦筋的時候，每次聽了抱怨，不免要處理，可是員工總算有了一個可以攔轎喊冤的出口。（不過我這個女生朋友告訴我，老闆後來就越來越少叫她沖咖啡了。）

我認得另外一個女生，她的兒子十歲。兒子有一次想跟她吵架，可是因為太生氣，又要哭，又要講，什麼話都講不清楚。這個女生就拿了一個平常裝玩具的小箱子，把箱子倒扣過來，放在地上，告訴兒子，先不要哭，深呼吸一下，再站到箱子上，站得挺挺的，把想跟媽媽講的話，慢慢講出來。

兒子照做了，站到箱子上去以後，把他對媽媽很生氣的一件事說了出來。兒子講完以後，過了幾天，拿了這個箱子跟媽媽商量，是否以後他想跟媽媽吵架的時候，就站到箱子上跟媽媽講，媽媽就不可以生氣。兩個人就這樣講好了，這個小箱子成了兒子找媽媽吵架的殺人執照。

距離貼很近的人際關係，如果當中能夠設立一塊「無戰爭區域」，雙方比較有機會意識到這個空間對彼此多麼珍貴。就是因為平常動不動炮火四射，更能顯出無戰爭區域的必要。

情侶之間，可以把冰箱上的磁鐵便條區畫作無戰爭區域，在那個區域裡溝通的事情，雙方都要抱著「不吵架而是解決問題」的態度面對。

很容易就吵架的母女之間，可以設一本沉默筆記本，當作無戰爭區域，如果是當面講會起衝突的問題，就寫在這本筆記本裡，放在對方的桌上。

經常通短信的死黨，可以約好，如果其中一人先發一則揮舞白旗的訊息，宣布開始進入半小時的無戰爭狀態，收訊人就要有心理準備，即將面對的是比較難堪的內容。

這些小道具或者小動作，都只是一個象徵符號，沒有人會在乎是什麼符號，重要的是雙方都尊重這個符號代表的心意。

只要懂得珍惜這份心意，三次五次溝通下來，漸漸就可以擺脫小箱子或小筆記本，除非是又發生了嚴重的吵架，那就只好再把小箱子小筆記本拿出來。

再怎麼親密的兩個人，也不可能隨時知道對方正處於什麼樣的情緒。用一個小道具或者小動作當作緩衝，標示出自己目前所在的情緒狀態，方便對方尋找適合雙方溝通的時刻，這就是與人相處的貼心。

貼心往往不是抱緊緊，而是為你關心的人，留下足夠的空間。

母女吵架進入白熱化階段
一開口家裡就是不得安寧
哼！
呿！
唯一保有和平的地方
剩冰箱上的字條
水果吃一吃

15. 沒有別人，你就做不了自己

沒選擇的時候，創造選擇；
沒朋友的時候，就去交朋友。

這個星期，過氣主持人跟好看的酒保，竟然連著在酒吧以外的兩個地方相遇，而且在雙方一點也無競賽心的情況下，展開了一場小小的競賽。

他們相遇的第一個地方，是專門放映冷門藝術電影的戲院。

冷門的藝術電影，觀眾少是應該的，但是少到一場只有兩個觀眾，恐怕仍然會令導演在墓中翻身嘆息吧。

這場放映的是伊朗導演阿巴斯．齊亞羅斯塔米所拍的《何處是我朋友的家》，也是主持人最喜歡的電影之一。既然是最喜歡的電影，特別跑到戲院來看第五遍，也是理所當然的事，但除了自己之外，另外一個識貨的觀眾是誰呢？

主持人忍不住回頭看了看，他很意外，另外一個觀眾是酒吧裡那位酒保。酒保離開了昏暗的酒吧，在戲院明亮的燈光下，竟然並不是想像中那種吸血鬼蒼白的膚色，這也令主持人有點意外。

這下兩人既然打了照面，酒保出於社交禮貌，只好移坐到主持人的旁邊。這兩位都一個人來看電影，就表示未必喜歡旁邊有人，這下卻迫於教養，尷尬的硬坐在一起，算是遇上了人際關係的日常小測驗。

幸好主持人雖然過氣，畢竟是專業的聊天者，要找幾句話來聊，撐過電影開演前的時間，輕而易舉。

「最近有幾個女生在追你？有沒有超過三個？」主持人問。

「五個。」

「沒有一個能陪你來看電影嗎？」

酒保想了一下。

「我懶得帶她們來看這種電影，她們五位似乎比較適合看爽片吧。」酒保說。「你呢？怎麼一個人來看電影？」

「一個人看電影很正常啊，我還可以表演一個人打麻將給你看呢。」主持人嘆了一口氣。「你以為我喜歡一個人啊？」

燈光暗下，開始放電影。

他們相遇的第二個地方，是游泳池邊。

酒保濕淋淋的從游泳池中爬上岸，竟然發現主持人一個人躺在泳池邊的躺椅上。

「咦？又碰面了。」酒保說。「你不下去游泳嗎？」

「我比較喜歡曬太陽。」主持人說。

「你都游什麼式啊？蛙式還是自由式？」

「其實我不會游泳。」主持人說。

陽光忽然暗下，烏雲飄過。

看起來都是很日常的對話，兩個人感覺起來並沒有在進行什麼競賽吧？

其實有，而且主持人輸了，連輸兩場。

兩場都輸在：酒保有選擇，而主持人沒有選擇。酒保可以不要一個人看電影，是他選擇了一個人看電影；酒保可以不游泳，是他選擇了要游泳。

有選擇不表示會選得好或選得對，但，沒得選擇就只是沒得選擇。

神明給你十次中頭獎的機會，你卻一張彩券都不買

勉強要把沒得選擇講得冠冕堂皇，只是嘴硬，粉飾太平。

為別人粉飾太平，也許算是教養；但是對自己粉飾太平，可就耽誤了自己。

我們一個人的時候，到底是選擇了獨處，還是沒得選擇才獨處？

如果是我們選擇了獨處，獨處才會出現應有的樂趣與效果。

如果是沒得選擇才獨處的，就會感覺無奈跟寂寞吧。

沒得選擇的時候，最好的作法是什麼？是創造選擇，多創造一些選項出來。

我另一本情商書《為你自己活一次》裡的建議：我們可以常常否定自己的某些行為，可以常常承認有些事我們做錯了，但我們永遠都不要否定自己整個人，永遠不要覺得自己整個人就是錯的。

不要說：「我這個人就是交不到朋友。」

如果你很愛這樣想，那好歹也要公平一點，好歹問自己這麼一句：「為了找到朋友，我做了任何事嗎？」

想要吃到咖哩飯，總得走進一家賣咖哩飯的店，總得開口或者靠按鈕，點一份咖哩飯，總得在咖哩飯來了以後張開嘴巴吃啊。

我當然承認有「緣分」這件事，初次見面的氣氛對不對，兩個人支持的球隊是不是同一隊，都會影響兩個人做不做得成朋友。

但一切就像那個有名的笑話：神明在你面前顯靈，告訴你，一定會不勞而獲的發大財。你欣喜若狂之餘，就乖乖的在家耍廢等了十年，結果不但沒發大財，還幾乎要餓死。總算等到神明再度顯靈，出現在面前，你大發脾氣，指責神明欺騙你，誰知道神明比你還生氣：「我這十年安排了十次讓你中頭獎，結果你連一張彩券都不買。」

是啊，跟想吃咖哩飯一樣，總得出門買張彩券，總得做點什麼吧。

要起而行「做自己」，而不是「坐自己」

如果很極端的把一切都推給緣分，堅信有緣就能做朋友，有緣就能談戀愛，然後自己癱在原地，一點事也不做。等到發現自己真的沒朋友時，又很極端的把一切都怪在自己頭上，說自己就是一個交不到朋友的人。要不就全怪緣分，要不就全怪自己，完全捨棄了恰如其分的原則，也完全辜負了做自己的那個「做」字。

做，就是要有行動，不然只能算「坐」自己，不能算「做」自己啊。

所有的事都一樣，如果有認真採取過行動，但行動沒有效果，就恰如其分的承認行動失敗。搞清楚失敗在哪裡，可以試著改進哪裡，而不是無限放大的掀桌式全方位瞧不起自己，把自己當垃圾。「憑你這種貨色，也想跟人家做朋友啊？」「憑你這種貨色，也想領導整個社團啊？」「憑你這種貨色，也想被外星人抓進飛碟去解剖還植入晶片啊？」……

為什麼會有人這樣動不動就否定自己責怪自己呢？應該是因為發現除了怪自己，全世界沒有其他的東西可以拿來當替罪羔羊吧。但其實並沒有犯錯，只是什麼都沒做，不改變一下、趕快做點什麼，卻直接宣判自己無藥可救，這對自己太不公平了。

我們意識到了別人，才開始意識到自己

我們是怎麼意識到自己的？因為我們意識到了別人。

我們耳朵裡會聽到兩種說話的聲音，一種是別人對我們說話，我們看著對方嘴巴在動，我們知道那是別人在說話；另一種是我們自己對自己說話，所謂的「心聲」。

我們聽見自己的心聲時，不需要看到我們自己的嘴巴在動，也能知道那是我們在對自己說話。聽見心聲時，我們不會嚇得發神經忽然在街上尖叫狂奔，以為遇到鬼。

就算開始意識到自己的存在，我們也搞不清楚自己是個什麼樣的人，我們需要看看別人的身高，才知道自己算不算矮；要聽到老師罵我們懶，我們才知道原來上課時趴在桌上睡覺叫作懶。當我們對自己有了又矮又懶的印象之後，我們的心聲會跟我們對話，討論一下自己是不是真的又矮又懶。

我們對自己的了解，是大量依賴跟別人比較、以及收取別人的評價，再參雜自己的意見，而逐步形成的。

看看剛才的描述，就知道為什麼別人對我們的要求，常常會蓋過我們對自己的要求。我們自己只有一票，而身邊的人有很多票，班上或公司的人就好幾票，家人又好幾票，網友又好幾票，一旦投起票來，我們自己這一票很容易被忽略，於是我們就委屈了自己。

不想繼續委屈的話，就要翻新我們對人際關係的陳腐想法，別再誤以為討好大家是人際關係的至高境界。

體會著自己的存在，摸索出自己的需要，才有可能開始根據自己的需要，來安排人際關係，這包括調整與生俱來的那些人際關係，以及另外去建造那些沒辦法與生俱來的人際關係。

人類原始的本能與記憶，使我們身上保留了不少部落的習慣。比方一個小村子來了個陌生人，就算村子裡既沒有值錢的東西，也沒有值得擄走的人，村民仍然免不了對陌生人多看兩眼，交頭接耳，指指點點，提高戒備，那是部落的習慣。部落各種物資都很珍貴，不能消耗給一個與部落利益無關的外人。但如果你在大城市開店，也用這個態度面對陌生客人，要不就是嫌錢太多，要不就是嫌罵太少。

人類超越動物最多的能力，就是人類會不斷的開拓人際關係，找到新的對象來合作。從打倒一隻熊到打造一輛車到打網路遊戲到打美容針，靠一個大象家族或海豚家族絕對完成不了，靠幾百人的人類部落也完成不了，要靠千萬個大大小小的部落，前仆後繼的開拓人際關係，互相建立信任，彼此交換技術，共用得到的好處。歷史上，只有人類的人際關係，累積達成這樣的成果；而狗們的狗際關係，始終維持在互相聞身體；猴們的猴際關係，始終維持在互相抓蝨子。

湯姆漢克斯主演的那部流落荒島的電影《浩劫重生 *Cast Away*》，男主角為什麼必須找出一顆排球，用自己的血給它畫個臉，還取個名字叫威爾森？因為男主角需要一個別人，才能知道自己還活著。沒有真的別人，那就拿一顆球當別人。

待過監獄的人告訴我，大家寧願夏天十幾個人擠在同一間充滿汗臭的牢房，也不願意一個人獨自關一間，他說那樣關三天就感覺要發瘋。

沒有別人，就做不了自己。

你拿一張紙，隨便畫個笑臉，在你畫出那個笑臉的同時，笑臉周圍的世界也就存在了。如果沒有笑臉周圍的那個世界，你就畫不成那個笑臉（當然，如果人際關係搞得很砸，那就是哭臉，但好歹會有一個臉啦）。

當你自己的世界中心就好，幹嘛去當別人的？

我認識幾個人，對待寵物遠比對待朋友用心，比對待伴侶用心（也絕對比對待爸媽用心）。每天起碼花一小時遛狗，跟狗玩，撿狗屎，但一星期都未必能花一小時跟朋友玩（更不會遛朋友，或是替朋友撿屎）。

這些狗主人總是告訴我，狗把主人當成了世界的中心，但朋友可不會把他們當世界的中心（沒錯，我就不會把他們當世界的中心）。而且狗吃什麼都高興，從來不會說什麼不中聽的話。不像我吃東西挑三揀四，還常常說不中聽的話，這些狗主人就是傳說中「認識的狗越多，就越討厭我」的那群人。

我當然也非常喜歡這些狗主人的狗或貓主人的貓，但同時，我不得不看到這些朋友在寵物身上花費了比較多的時間，卻冷落了身邊的人類。

人本來就不應該被另一個人當成世界的中心，我們被寵物當成世界中心，確實很過

癮，但不能就這麼順理成章的養成習慣，用這個標準去衡量人際關係。沒有任何一個別人（即使是我們的孩子或戀人）應該被要求，把我們當成他的世界的中心。

你當你自己世界的中心就好了，幹嘛去當別人世界的中心？

電影裡流落荒島的男主角，一旦能夠回到真實的世界，就不再跟他的排球好友威爾森講話了。

我當然理解寵物對主人的重要，可是我也想提醒主人們：寵物跟排球，都不能代替人際關係。

人類到目前為止所達到的成就，當然也有很多動物例如牛馬魚蝦細菌跟炸雞的參與，但動物能做的，跟人類能做的不一樣。如果不是人類承先啟後，勇敢的跟其他各種陌生人合作，那麼人類能做到的事，會比現在差很大很大一截。

我們每個人都很有限，人際關係是擴大我們的方法。

沒得選擇的時候，創造選擇。

沒朋友的話，交朋友。

如果今天沒有你
我也不能做自己
讓我們離開這鬼地方吧

16. 用對方法找人幫忙，不會被討厭，還能交到好朋友

讓對方覺得，
他就是獨一無二、無可取代的最佳人選。

你應該聽說過，退休的人，忽然感覺自己沒用了，活在世上是多餘的，沒有了動力，很快就無聊死了，不是形容詞，是真的死了的那個死了。**不被需要的感覺那麼慘，同理可知，被需要的感覺多麼好。你如果能令對方感覺被需要，你會帶給他很多喜悅。**

酒吧因為生意不夠好，酒吧老闆決定當二房東，希望白天的時段也都能找到人租用，大家分攤房租。早餐時段已經租給蛋餅小哥了，現在下午喝咖啡時段，也總算租出去了。

一副部落巫醫打扮的老太太，租了酒吧的空間，在下午賣咖啡，已經賣了一段日子，生意很不錯。但今天的咖啡座上，出現了兩位罕見的客人：在同一個空間賣早餐的蛋餅小哥，以及在同一個空間晚上賣酒的酒吧老闆。

三個人都打扮隆重，彷彿是掌管人生不同階段的三個神明碰面，商量這回要怎麼整人類。

但當然不是，無非是聊一些瑣碎的事。

「我希望你們在早上跟下午，可以幫忙宣傳我酒吧的活動。」老闆說。

「如果我們幫你，你算我們的租金可以打九折嗎？」蛋餅小哥問。

老闆搖搖頭。

「租金已經很便宜了，沒辦法再降低。」

「那我們為什麼要幫你？」蛋餅小哥問。

「因為我想在我的酒吧賣你的蛋餅，你做的蛋餅，是全世界我吃過最好吃的蛋餅。我跟我的客人這麼說，他們都說我口說無憑，除非他們吃到了才算數，我要讓他們用熱騰騰的蛋餅當消夜配酒，他們就知道有多好吃了。」

蛋餅小哥冷不防被這樣稱讚，本來像一堵牆的臉，忽然出現一絲縫。

「嗯，如果是這樣的話，那我也可以考慮看看：你在酒吧兼著賣我的蛋餅，我賣早餐的時候幫你宣傳你的活動。」蛋餅小哥說。

「愛吃你蛋餅的客人裡，有好幾個是公司主管，你只要多鼓勵他們，帶同事來我這邊喝酒聊天，我就非常感謝了。」

「我倒是想委託你發揮一下創意。」老太太對酒吧老闆說。

一聽到要發揮創意。酒吧老闆挑起了眉毛。眼睛微微放光。酒吧老闆自命是懷才不遇的創意才子，只是時運不濟，才華遂被酒精淹沒。

「哦，說來聽聽，什麼樣的創意啊？」老闆問。

「用咖啡調出來的雞尾酒，像愛爾蘭啦，波西米亞啦，我喝了都覺得還好。你也知道我的咖啡豆很好，我覺得你一定可以創造出更有創意、也更有趣的咖啡雞尾酒。」

老闆欣然答應。

「你如果能幫我創造出三款全新的、能讓人上癮的咖啡雞尾酒，我就會好好宣傳你酒吧的活動。」

老闆搓著手，躍躍欲試。

「好哇，好久沒有創造雞尾酒了，你等著喝我的發明吧。」

神隊友可以幫忙你跳級打怪

有些人以為，我們請人幫忙，對方就算勉強答應，也會覺得我們是麻煩鬼，以後再碰到我們，一定會躲得遠遠的，有的人更會直接拒絕幫忙，拒絕當然就表示他們不只嫌我們煩，更討厭我們。

照這個邏輯推論，找人幫忙就是自討沒趣，自取其辱，怎麼可能會對人際關係有幫助？

我也覺得找人幫忙很恐怖。當我在主持節目這個位置上時，比較常是別人找我在節目中幫一些忙，我就量力而為。等到我擔任電影導演時，開始要不斷的拜託別人幫忙，我一度很難啟齒，結果其他製片與導演都鼓勵我，告訴我電影註定要勞師動眾才能完成，不拜託別人幫忙，就等於不斷在細節上讓步。找人幫忙，本來就是製片導演、記者偵探，乃至各種創業做生意的人理所當然的工作之一。

一個人再怎麼能幹，會的事情就這麼多，如何應付得了世上各種任務？組了家庭，請了員工，家人與員工當然都能幫不少的忙，但總還是有許多能人，既不可能跟我們組家庭，也不可能被我們聘請，這時候除了拜託他們，別無他法。武俠小說在求人放手或交換利益時，常出現的社交名句：「就當是跟在下交個朋友吧，如何？」就是用在這種時刻。

懂得找人幫忙，是一種成長，能夠升一級去完成超越自己能力的事。人生如同打遊戲，不升級，難道降級？

至於用什麼方式找人幫忙，才不會被討厭呢？甚至還能因此展開一段友誼嗎？

答案很簡單，**用別人喜歡的方式，請別人幫忙，就有可能變成朋友。**

讓人樂意幫你還促成友誼的四大祕訣

你如果回頭看剛剛的三人會談，酒吧老闆、蛋餅小哥，以及巫醫老太太他們的簡單對話，一定立刻發現對話中，隱藏著找人幫忙的幾個祕訣。

第一個祕訣，**先提出一個用膝蓋想也知道會被對方拒絕的過分要求。當對方果然拒絕之後，對方多少會心懷內疚，這時再提出不那麼過分的要求。**

小哥提出降租金時，老闆立刻就拒絕，接下來事情變得比較好談，因為老闆感到內疚。你跟主管要求加薪，大概三兩下就被主管打發掉，但主管終究有點不好意思，這時提出下禮拜要請假，比較不會被斷然拒絕。

第二個祕訣，**找人幫忙時，要讓對方覺得，他是獨一無二的無可替代的最佳人選**。有些人找人幫忙時，表現得好像是路過順便找你幫個忙，似乎就算你拒絕，也還有另外四十個備胎人選可以幫這個忙。比方機艙內忽然有人昏迷，空服人員如果廣播問全機艙的人：「請問有誰可以幫忙？」全機艙的人都會面面相覷，不知誰有資格幫這個忙，但空服人員求助時一定會這樣廣播：「請問本班乘客有任何醫護人員嗎？」這就會讓機艙內的醫護人員感到捨我其誰，責無旁貸。其實跟求婚差不多，你總不能已經拿著花束與鑽戒單膝跪地了，眼睛還不斷瞟向在場的其他美女吧。

酒吧老闆找小哥提供蛋餅時，先宣布小哥的蛋餅是全世界最好吃的蛋餅，他擺明了不是要賣任何蛋餅，而是只想賣小哥做的蛋餅，讓小哥感覺自己是唯一的人選。

第三個祕訣，**找人幫忙時，要讓對方覺得你提供了一個讓他施展抱負的機會**。五月天有一次演唱會的主題設定是「地球出了狀況」，他們找我扮演一個新聞主播，在演唱會開始時，播放我報新聞的影片。影片中，我一邊報導地球發生的各種天災，一邊驚慌失措。我其實很怕演戲，即使這麼短這麼簡單的戲，我都覺得尷尬。但我當時想，能夠出現在五月天演唱會的舞台上，這輩子擺明了只有這麼一次機會，如果要靠我去練歌，八輩子都上不了台，所以當然就答應了。

老太太想要老闆研發新款的雞尾酒時，開口就說了，需要老闆的創意。而老闆（以及我所認識的不少自詡才子才女的人）只要聽見有機會發揮創意，就變得躍躍欲試，即使擺明沒什麼酬勞，也不以為苦，反而覺得是用自己的創意為世界添加有趣的事物，多一個在世上留下痕跡的機會。

第四個祕訣，**講究互惠的精神**。老闆跟蛋餅小哥以及巫醫老太太，三個人都是根據互惠的精神找對方幫忙。武俠小說裡那句「何妨大家交個朋友」，一聽就讓對方知道，現在幫了對方，有一天可以向對方要回這個人情。

有些人覺得自己已經落魄到求助於對方，哪還可能有能力幫對方的忙，這樣想的人忽略了對方既然願意聽你求助，就不至於完全不把你放在眼裡。（就算對方看中的是你的骨頭，要拿來熬排骨湯，對方還是把你看在眼裡了，不是嗎？）你覺得自己整天都在煮飯帶孩子，沒什麼長處，但也許對方生活上正急需找一個廚師或保姆。或者，不需要任何長處，光是衝著你比對方年輕二十歲，對方就相信你來日方長，將來一定在某個狀況下能幫得上他的忙。

我相信，除了這些祕訣之外，你一定也會漸漸體會出你的求助獨門祕訣。我們跟別人通常不會只來往一次，所以有一些比較狡猾像陷阱那樣搞到對方不得不幫忙的伎倆，除非不得已，還是建議別用。對方上了一次當，脖子被勒住的幫了你一次忙，你卻永遠失去了交這個朋友的機會。

找人幫忙是可以交到朋友的，因為你在找他的時候，就已經表示你懂得欣賞對方的好。而如果你被幫忙之後，也表現出了令他欣賞的特質，你們就會成為朋友。

所以請別再誤會，用對的方法找人幫忙，不但不會有損失，反而有助於交到朋友。

一日走在路上
被美女搭訕
帥哥幫個忙，
前任糾纏我
你就冒充我老公吧！
走進店裡，她使了個眼色
老公！
你等我一下
馬上回來
去吧
過了好久，美女都沒出現…
於是我也準備走人
把你老婆的
帳結了再走
哇靠

17. 借取別人的力量，讓自己活得更好

生命中遭遇的人，會引導我們找到真心喜歡的事物。

租了酒吧的空間，在下午賣咖啡的部落巫醫打扮的老太太，除了煮咖啡之外，她也幫客人算算塔羅牌。

平常算塔羅牌的多半是女生，問的多半是感情，今天卻來了一位壯到可以參加比賽的健美先生。健美先生的塊頭實在太大，相對顯得頭很小，給人一種頭是另外P上去的錯覺。

健美先生依照巫醫老太太的指示閉目三十秒，心中默唸需要解答的疑問，然後睜開眼抽了一張牌。

抽出來的這張牌，牌面上的圖案是一個站著的天使，兩手各拿著一個金杯，正在把

其中一個金杯的水，倒進另外一個金杯中。

「你抽的這張牌叫做『節制』，但是請了解：塔羅牌的訊息，不見得完全跟牌的名字有關。」

健美先生點點頭，拿起咖啡喝了一口。在他巨大的手掌中，咖啡杯弱小如同一朵立刻就要散開的玫瑰。

「你的疑問是什麼？」老太太問。

「我有一個恩人，欠下巨額的債，他跑來找我借錢。我根本沒有那麼多錢，可是我還是想幫忙，報答他當年的恩情，我不知道該怎麼辦。」健美先生說。

老太太望著節制牌，沉吟了一會兒。

「這張牌有一個意思，是叫我們多多聽取各方意見。走吧，我們去問問別人的意見。」老太太說。

「什麼？我是來找你要答案的，你現在叫我去問別人，問誰呀？我要是有別人可以問，還來找你幹嘛？」健美先生說。

「這張牌建議我們這樣做，試試看有什麼關係？難道問了別人，你的二頭肌就會消失嗎？」

老太太雖然衰老，可是氣場很強，不由分說就抓住健美先生的手臂，往店外走去。

兩個人身型相差懸殊，彷彿是一個小女孩牽著一個大氣球。

「我就知道，像你這種大塊頭有時候根本很怕生，連跟陌生人講話都會緊張。不用怕，老婆子替你開路，讓我來替你問，等你覺得沒問題了，再讓你自己開口問。」

健美先生覺得老太太果然有兩下子，自己真的很怕生，竟然被她一眼看穿。

老太太先問了在街角賣花的大嬸。

「在餐桌上多放一雙筷子，告訴恩人：隨時餓了，總還是有這麼個吃飯的地方，這也是報恩啊。」賣花大嬸說。

因為是老太太發問，健美先生只是在旁邊聽，也就不像平常那樣會因為怕生而緊張。

老太太謝了大嬸，拉著健美先生找下一個目標，沒想到老太太竟然找了一個在站牌下等車的小學生。

老太太又把問題講了一遍，健美先生縮在站牌的另一邊聽，他覺得問到小學生的頭上，未免太丟臉，但老太太似乎一點也不覺得丟臉。

「他欠債是他的事，你要報恩是你的事，為什麼要把兩件事混在一起啊？」小學生說。

老太太聽了，意味深長的看了健美先生一眼。健美先生有點意外，聽到這樣的答案，若有所悟，從站牌後面走出來，親自向小學生道謝。小學生忽然被不知哪裡冒出來的這麼一個巨人的陰影完全籠罩住，嚇了一大跳。

第三個目標。老太太走進路邊一家當鋪，打算問當鋪的掌櫃，她正要開口，健美先生表示他可以自己來問。

健美先生向掌櫃問了這個問題，掌櫃瞇著眼睛，打量著健美先生。

「你這麼壯，為什麼不陪著你的恩人，去找他的債主談判？如果債主怕了你，也許願意寬限還錢的時間。如果債主根本不怕你，甚至要動拳腳動刀子，那你就替你的恩人擋幾刀吧。」

當鋪掌櫃的回答很動作片，健美先生道了謝，一路沉思，跟著老太太回到咖啡店裡。

健美先生看到桌上仍然放著那張名叫節制的塔羅牌，他端詳著牌面上的那位天使。

「原來手上拿著杯子，就是要邀請別人把水倒進來呀。」健美先生邊說，邊對自己點了點頭。

選擇困難時，記得借取別人的力量

怕生，當然會阻礙我們拓展人際關係。

但如同所有的習慣，既然是一步一步養成的，也就可以倒過來，一步一步的解除。

這就是為什麼**具備情商的人，不會故意放大恐懼，然後拿恐懼當成藉口，接著就很理直氣壯的自暴自棄，不採取任何行動。**

怕生嗎？一回生，二回就熟了。

如果覺得一開始就去百貨商場，人多壓力大，那就找一個小雜貨店，隨便選一樣架上的貨品，跟店員詢問貨品的用途。今天只去一家店，明天去兩家店，這樣過一星期，就不再覺得百貨商場人多壓力大。可以去電器部門聊聊，又去寢具部門聊聊，漸漸就會發現跟陌生人講話不會死，變得沒那麼怕生了。

至於賣咖啡的老太太，用一張塔羅牌作為引子，拿一件看似為難的事，去問幾個局外人。有些心理學家把這個方法叫做「路邊意見調查」，但其實這是再普通不過的事。我們就算沒接觸過心理學，也已經習慣在各種網路平台上詢問陌生人的意見，那些在網路上回答我們的人，就如同健美先生去詢問的陌生人一樣，確實能提供我們自己沒想到的角度。但很可惜的是，這些人在網路上跟我們匆匆擦肩而過，他們一次性的回答，很難深化成為我們隨身的裝備。能夠不要一次就丟的、那是隨時戴上就能夠轉換我們視野的、一付一付足以供我們校對方向的、人生的眼鏡。

生活中困難的選擇，會一直出現。**如果身邊有人可以不只是一次性的回答，而是讓我們能夠在不知如何是好時，借取他們的眼睛看出去，用他們的角度來想像：如果是他們遇到這樣的事，會怎麼選擇？那麼，這些人就是我們的良師益友。**

這就是人際關係的追求：借取別人的力量，讓自己活得更好。

很多人知道，訓練自己具備了「同理心」之後，跟別人交流會比較成功，這當然是真的。談生意時知道對方要的是什麼，吵架時知道對方要的是什麼，跟綁架犯講電話時知道對方要的是什麼，當然都大有幫助。

但具備同理心，得到最多幫助的，其實是我們自己。一旦我們找到了常常值得聆聽的人，我們的同理心會成為一把鑰匙，讓我們在需要時能夠坐進對方的駕駛艙，模擬著，如果是他們遇到同樣的問題，他們會怎麼做？

我們的視野會因此拓寬，心智會因此成長，這就是交到好的朋友的神奇之處。

如果身邊都是狐朋狗友，那我們能夠代入的，就是狐跟狗的視野，藉由他們的狐眼睛或狗眼睛所看到的目標，就是狐愛吃的雀兔或狗愛吃的狗罐頭。

人際關係的品味，確實有高下之別。

你真心喜歡的事，就藏在各種線索裡

追求人際關係，當然不是為了取悅別人，而是為了成全自己。

世界最大投資銀行高盛集團的現任老大貝蘭克凡 Blankfein，出生在紐約的低收入區，他父親的工作是為郵件分類。他在一場對大學畢業生的演講中建議的重點是「試著跟有企圖心的人混在一起……把自己放在這樣的氣氛裡：不只你推動自己，身邊親近的其他人也會推動你前進」。

他是投資界老大，他所說的「有企圖心」，很容易令我們立刻想到「愛賺錢」。但其實各種事都需要企圖心。**找到你喜歡的事，如果找不到你喜歡的事，就找你喜歡的人，依循著這個你喜歡的人順藤摸瓜的去感受他的熱情都投向了哪裡**。我們對很多事的熱情，是被某個不斷散發熱情的人給點燃的。那個人也許不在我們身邊，而是活在書中傳說中的遙遠人物，但即使是與這麼遙遠的人建立某種單向的連繫，依然是一種動人的、能夠啟發我們的人際關係啊。

很多人跟我說，找了很久，都找不出自己喜歡的事。對付這個狀況，我想過一個作法：如果一直找不出你真心喜歡的事，那就找出你真心討厭的事，然後朝向這些事的反方向，用盡全力的狂奔。

即使是這個聽起來有點莫名其妙的作法，也是需要企圖心的（因為很多人回答我，他們真心討厭的事，正是「用盡全力的狂奔」，哈哈哈我真的是……），誠哉斯言，這些人並不是在鬧我，是的，狂奔或其他所有會花力氣的事，都需要企圖心。

你如果能遇到這種雖然沒什麼明確方向、可是非常善於「往討厭事物的反方向狂奔」的人，那也是遇上了很有企圖心的人，跟他們混在一起，感受他們往反方向狂奔的熱情，看看能不能跟他們一起跑。

真心喜歡的事，隱藏在各種線索裡，一部你喜歡的電影、一本你喜歡的書、一個你喜歡的故事，最重要的，一個你喜歡的人，都是你的線索。

生命中遭遇的人，大部分都終究會在某一天退出我們的生命。那些具體的人走開了，但他們會留下各種線索、各種痕跡，引誘我們依循著去揭曉我們真心喜歡的事物。

坐在博愛座上

都要注意有無需要的旅客

若是遇到連身洋裝

小腹微凸者

避免失禮

多觀察一下

現在是怎樣?

要等我羊水破了才讓座

是不是?

18. 交朋友，應該要越來越挑剔

對不適合的友誼說「不」，讓你的籃子裡裝滿天菜。

酒吧今天晚上的生意非常好，有八張小桌子被拼成了一大桌，桌邊圍了一大群打扮入時的男女喧嘩笑鬧，拍手唱著生日歌。過生日的人，是個大家都認識的明星，所以酒吧裡各桌客人紛紛湊熱鬧舉杯祝賀。

明星吹了蛋糕上的蠟燭，酒吧老闆過去幫忙把蛋糕切開分送給所有的客人，明星動手挑出了所有蛋糕裡花色最漂亮的一塊，上面的花色是電腦輸出的明星那雙有名上挑的鳳眼。只見明星在老闆的耳邊囑咐了一句話，老闆點了頭，把這塊最漂亮的蛋糕端過去給整個酒吧裡唯一沒有舉杯祝賀明星的人——酒吧的常客，過氣的節目主持人。

「人家特別指定把最漂亮的一塊蛋糕送過來給你。」酒吧老闆說。

主持人瞥了一眼蛋糕，誇張的吐了吐舌頭。

「哦……他最有名的那雙鳳眼啊。」

「你們應該認識吧？」酒吧老闆問。

「我們啊，曾經要好到不行，要好到兩邊的經紀人都警告我們，不要繼續在公開場合碰面，避免再被編造各種故事。」

「這麼熟，你怎麼不坐到他那一桌去？」酒吧老闆問。

「我們有一次吵了一架，就再也沒有連絡了。」

主持人說完，忽然站了起來。

「我想走了，我從你的後門走吧，蛋糕就麻煩你吃掉囉。」

主持人付了酒錢，就這樣走掉了。

酒吧老闆覺得很突兀，忍不住回頭看看明星是否注意到發生了什麼事，結果明星正忙著跟身邊的人划酒拳，看起來很開心，那雙鳳眼無暇瞟向主持人落寞的背影。

一百五十個好友榜，有人進榜就會有人掉出榜外

是的，朋友會絕交，愛情會終止。世間萬物，如果有開始，就會有結束。再怎麼大盒的炸雞，也有吃完的時候。

所謂的人際關係，當然不止有關係的開拓與維持，也有關係的結束。

社會學家算過，一個人的一生，能夠稱得上朋友的人，最多大概一百五十位。一開始手機被製造出來時，手機上的通訊連絡人欄位就設定成一百五十人，這當然包括了學校的朋友、工作上的朋友、生活上的朋友，以及家庭方面的朋友。一年五十二個星期，每星期得見三個，一年下來才能見到一百五十人。這還是每個朋友這一年都只見到一次，很少人有辦法安排得了每星期見到三個朋友。這樣一算就知道，這一百五十位朋友是親還是疏，差距一定很大。我有些朋友每個月見一兩次，有些朋友三五年都未必能見到一次。

幾年下來，親者越親，疏者越疏，這是逃不掉的常規。你會交到新的朋友，他們會進入這一百五十人的名單，而他們擠進榜內的時候，就勢必把某個人擠出了榜外。他們在榜內每上升一個名次，就勢必有某個人下降一個名次（當然這只是一個說法，我們不用過於自我陶醉，你的朋友排行榜未必是什麼熱門的排行榜，擠進榜內也不見得有什麼好處。排在榜上的第一名，說不定煩惱遠多過榮耀，又要幫你搬家，又要聽你訴苦，又要借你錢之類的）。

這裡要說的重點是：**任何人的人際關係，都不可能一律是強韌的，也沒必要一律是**

強韌的，有很多關係脆弱到出乎意料。這就是為什麼朋友之間或情侶之間莫名其妙的吵了一架，可能關係就會戛然而止，或者就算沒有戛然而止，也會漸漸淡去。

舊關係的結束，也許令人傷感，但卻不必恐懼。朋友排行榜上空出來的位子，其實就是我們空出來的心力。我們原本之所以沒有花費足夠的心力去維繫好舊有的關係，很可能就是因為這份舊關係沒有帶給我們足夠的滿足，像是所謂的雞肋一樣，食之無味，棄之可惜。（很多約好了的朋友聚會，雖然很期待，但出門前開始各種準備、弄妝弄髮挑衣服之際，心裡忍不住又會嫌麻煩，偷偷覺得如果聚會忽然取消也不錯，對不對？）

你如果主演了一部電影，上映的電影院只有一百五十個座位，你當然希望這一百五十個座位上的觀眾，每個人都聚精會神的觀賞。如果有人占了一個位子，結果在打瞌睡，根本沒有在欣賞你在電影中的精采表現，那你很可能會希望他把這個位置讓給其他對你更感興趣的觀眾（當然說不定對方也巴不得早點離開電影院，他可能覺得這部電影很無聊，你演得很做作）。

人際關係，本來就是依據我們的需求而建立，而我們未必很清楚自己的需求。我們對很多事情的品味與感受，需要時間逐漸養成。

我們剛開始為自己買衣服選家具的時候，總會有一段時間都買錯，莫名其妙就買了根本不適合的東西，要摸索一陣子才會選得比較準確。

交朋友其實也是這樣，難免會判斷錯誤，本來以為可以好好一直交往下去的朋友，漸漸的破綻百出，這個人在朋友排行榜上的名次當然就會逐漸下降。當我們感覺到自己在別人的排行榜上名次下降時，大概也是出了同樣的狀況。

人生越活時間越少，交朋友當然要挑剔

生命中的人來來去去，沒什麼大不了。

但是，如果我們很不擅長交朋友，那我們生命中的人可能就只有去去去去去，而沒有來來來來來，這樣可是會斷貨的。

很多人會困擾，為什麼越長大越難交朋友？為什麼小時候好像交朋友容易得多？

最普遍的說法是，我們小時候沒有那麼在乎面子，對朋友沒有很功利的要求，也沒有太在意學歷階級門戶這些東西（大家都才念小學，應該也還沒有立場在乎學歷吧？倒是有些家長很愛比幼稚園的昂貴程度）。

這些交朋友的門檻，都算是社會的門檻，但是從情商的角度來說，除了社會層面的門檻之外，也可以探索自己內在隨著歲月推移，暗暗設下了什麼交朋友的門檻。回想我們小時候，還不知道自己到底需要什麼樣的朋友，適合什麼樣的朋友，反正抓到籃子裡

的就是菜。

等到長大，我們越來越覺得，抓到籃子裡的不一定能做菜，有的灑了太多農藥，有的價格太貴，有的其實是蠟做的。

聽起來是我們變挑剔了，**但是人生越活，剩下的時間越少，能用的心力也越少，在交朋友這種事情上，當然應該要越變越挑剔。**

好東西總是罕見，所以才珍貴。想要成為一個有資格挑朋友的人，前提當然是要很會交朋友，有了足夠的數量，才談得上挑剔。要是什麼新朋友都交不到，只是一味的淘汰舊朋友，那麼籃子裡當然越來越空，不要說是好菜，根本什麼菜都沒有，最後當然就會餓肚子。

交朋友的能力，給了我們說不的權利，我們漸漸懂得對不適合的友誼說「不」。我們也不再錯怪自己對交朋友太挑剔，反而會期待遇到新的朋友。（當然，當我們自己遭到別人淘汰時，我們也最好能趁機檢查一下自己是不是一個很失職的朋友：完全沒有表達過關心？一再利用對方？答應的事沒做到？偷吃了對方的伴侶？……）

人際關係就是我們的生活，即使愛因斯坦也需要進頂尖的研究機構、與古今的天才們神交切磋。不少智商極高的神童，長大後活得落寞，沒有達成任何傑出成就，都是因為沒辦法跟人好好相處，沒有機會讓身邊的人共同來成全自己。**所有的事情，都需要跟**

實體或是虛擬的別人一起完成。搞不定人，就搞不定人生。所以，我們當然要相信在人際關係上，我們值得好東西，不能撿到籃子裡的就是菜。

而值得好東西的前提是：我們要讓自己認得出好東西，而且讓好東西出現在我們搆得著的地方，這就是為什麼我們需要交朋友的能力。

學吧，就算不學你也在變老

所有離開學校就停止學習的人，都是放棄的人，既放棄了對抗生命的殘酷，也放棄了獲取生命的樂趣。

以為憑著上學那幾年在教室學到的東西，就足以應付人生的需求？就足以享受人生的變化？別鬧了，當然不可能。

上學時，我們完全相信各種能力都要靠學習才可能得到。我們乖乖背下九九乘法表，而不至於幻想九九乘法表會像肚子上的油一樣，自動出現在我們體內，學會乘法表，我們取得計算能力；學會看地圖，取得理解地圖能力、規畫路線能力。我們堅定不移的相信靠著學習，而不是靠著空想、不是靠著順其自然，去取得各種能力。

荒謬的是，一離開學校，我們就把學習拋在腦後，彷彿從此需要用到的各種能力，只要靠著跟人八卦、上網搜尋、發呆空想，就能順手拈來。尤其是面對愛情、親情、友情時，我們更熱愛「順其自然」，理所當然的覺得雖然是我們切身至關重要之事，但並沒有我們插手的餘地，交給自然，聽天由命就好。

要得到能力，包括處理人際關係的能力，跟背九九乘法表或認地圖一樣，需要學習，也需要練習。

最重要的是，學習就是活著的樂趣，是在日復一日的生活中，能不斷提供新樂趣的唯一方法。

戀愛需要學習，交友也需要學習，因為會遇到的每一個令我們動心的人，都是活生生的、會變化的人，不是課本上印好就不會再變的字，不是算術裡的死板公式，背完就了事。那些人身上如果沒有引起我們好奇、進而想探索的特質，我們是不會動心的。而每一次的好奇進而想探索，都是一次又一次的學習啊。

常常聽到有人說：「我都幾歲了，現在才開始學，也太老了。」

不管這人動念想學的是德文、是開刀，還是寫程式，都會聽到這種「現在開始已經太老」的論調。

對於這種論調，我只有一個回答：

「學吧，就算不學，你也一樣在變老的。」

不要啦!~
拍一張嗎~
等等被認出來，好歹我也是略網美，粉絲一千多
我有三十五萬粉絲
再拍五張啦

19. 多給自己一個選項，就能化被動為主動

想要有自信，就跟別人比我們的強項；想要有鬥志，就跟別人比我們的弱項。

酒吧的吧台，很適合單身來喝酒的人，進可攻，退可守，想認識新朋友也有機會，想一個人喝悶酒也ＯＫ。

今晚吧台的人口分布很奇妙，竟然有六位單身男女很整齊的穿插而坐，而且衣服顏色搭配得宛如彩虹，紅橙黃綠藍紫，男女，男女，男女。

獨自坐在吧台一角的常客過氣主持人，看看這三男三女，明明各自都很想認識旁邊的人，卻又都很矜持，終於忍不住技癢，想助一臂之力，於是仗著略有酒意，對這三男三女開口。

「閒著也是閒著，我們來玩個遊戲如何？」主持人說。

這三男三女發現是名人，雖然是過氣的名人，總是聊勝於無，好歹勝在臉熟，於是六人還是很捧場的喜形於色，搶著要合照。

一陣忙亂總算拍完照，主持人不忘職責，首先指向紅衣服的男生說：

「就由你先開始吧，你看看黃衣服的男生，說一個你比他強的地方。」

紅衣男打量了黃衣男兩秒。

「他有近視眼，我沒有。」紅衣男說。

黃衣男不自在的推了推眼鏡。

主持人改為指向黃衣男。

「換你了，你覺得你比藍色衣服的男生強在哪裡？」

黃衣男看了看藍衣男，說：

「他穿西裝褲，卻配了白襪子。」

大家不免立刻看向藍衣男的白襪子，連藍衣男也看向自己的白襪子。

「……西裝褲……不可以配白襪子嗎……？」藍衣男小聲咕噥著。

大家開始有了嬉笑聲，而同時三個女生也忍不住開始默默的打量彼此……以防等一下被主持人點到。

沒想到主持人看著紫衣女，卻換了一個問法。

「你要跟穿綠衣服的女生比一下，講一個你比她弱的地方。」主持人說。

本來已經想好要講對方弱點的紫衣女，沒有想到問題轉向，她看了看綠衣女，想了一下，笑嘻嘻的說：

「我覺得她的力氣比我大很多，她看起來可以自己換輪胎。」紫衣女說。

大家都笑了，綠衣女也笑著回嘴。

「我才沒有自己換輪胎咧，你才可以把整輛卡車抬起來吧。」

主持人看看已經破冰了，功成身退，溜去角落的小桌子坐，留下開始互相聊天的三男三女。

要主動，才能當情緒的主人

講情商的人，常常提到一句話：「情緒不是我們的主人，我們才是情緒的主人。」這句話聽起來很好懂，可是真正要做到的話，怎麼做才算是情緒的主人呢？

我每次聽到這句話，腦中浮現的影像，永遠是漫畫裡那些超能力者，一有人惹他們生氣，就從眼睛裡噴出電光，把對方化為灰燼，或者是張開手臂，猛翻白眼，呼喚龍捲風降臨，把對方吹得妝花髮亂裙子整個蓋住臉。

這樣一有情緒就能發威，才配稱為做情緒的主人，才叫過癮吧。

想想也許很過癮，但世上根本沒有這種事。

你的貓把真皮沙發抓個稀巴爛，你指著你的貓大發雷霆，就算再怎麼翻白眼，也呼喚不來一絲微風，連電風扇都還要靠你手動才打得開。而你的貓更是從頭到尾看都不看你一眼，悠哉悠哉的跑去破爛的沙發上打盹。

這時候你只好調整呼吸，鼓勵自己，多想想這隻貓的可愛之處，等情緒終於漸漸平復之後，你又默默開始準備貓食。

你沒有氣到當下把貓掐死，就已經算是做到情緒的主人了，是有點淒涼，但也沒什麼好沮喪，大家都只能做到這樣。

當你想要做主人的時候，請立刻反射式的想到要「主動」。

主人，主動。主人，主動。

不主動，就別想當主人。

我們忍不住拿自己跟別人做比較的時候，往往是被動的。

別人丟出了炮竹，我們被點燃；別人展現出成果，我們被刺激；我們完全處於被動。

同學穿了雙新球鞋，或是拎著新買的包包來上課；同事在情人節收到大把玫瑰，而我們連一顆白菜都沒收到；社交平台上看到朋友去歐洲玩了一個月，放了八百張旅遊照片，鉅細靡遺的報告吃了什麼、買了什麼、住了什麼酒店、騎了什麼動物……這些都是別人讓我們受到刺激。我們本來沒覺得我們的鞋怎麼了、包怎麼了，也根本沒有打算過什麼情人節或去歐洲度假，但只要身邊的人一刺激我們，我們忽然就被動的被推上了擂台，跟對方比這個比那個，比不過就又嫉妒又自卑，覺得自己很沒用。

在這種時刻，我們輕易就讓情緒變成了我們的主人，控制住我們，難以自拔。

這完全不值得，等於是二十四小時站在足球場上當守門員，隨便哪一秒有人踢球過來，都要接住，接不住可能肚子或臉上就要挨球砸，不但全年無休，而且還無酬，只有傻子才願意承擔的差事，你我卻都毫不質疑的就這樣承擔了？

如果覺得自己並沒有這麼傻，就別再縱容自己這樣活。

要主動的由自己來決定，踢過來的球當中，什麼球值得接，什麼球就隨便他去。主動才能當主人。

人際關係不是我們的主人，我們才是人際關係的主人。

情緒不是我們的主人，我們才是情緒的主人。

你會去跟世界首富比收入，跟第一名模比美嗎？

在《為你自己活一次》這本書裡，我用了不少篇幅分析嫉妒與自卑這些所謂的負面情緒，與我們的關係。

能夠幫助我們生存的情緒，才會一直伴隨我們到今天，如果純粹只是妨礙我們生存的東西，不管是器官還是情緒，都會在演化之中被淘汰。

嫉妒與自卑，被大多數人歸類為負面情緒，但情緒是中性的，能夠看到這種情緒的正面，它就是正面情緒；如果只能夠看到這種情緒的負面，它就成了負面情緒。操之在你，而不在它，你是它的主人。

有人際關係，就會有比較。

既然我們把別人的生活當成參照的座標，來校準我們的方向，那就一定會有對照與比較。我們開車時，一定會透過旁邊的車輛速度來判斷自己開得太慢或太快，這時也一定會看到別人的車比我們的舊還是新、便宜還是貴。

有些人說，爸媽過於成功，會給小孩帶來巨大的壓力，這當然就是因為小孩也在跟爸媽比較。我們閱讀名人傳記，看看名人在跟我們同年齡時都做些什麼，這也是比較。

比不過，會帶來嫉妒或自卑，這是情緒，值得恰如其分的感受。然後，這份情緒是否能夠產生有助於我們活下去的動力，這個決定權在我們。

如同主持人在酒吧裡跟三男三女所玩的遊戲，跟別人比較是免不了的，但是要比較什麼，要如何看待比較的結果，這是我們的選擇。如果連這樣的選擇都做不到，我們就是完全被動的任人宰割。人際關係成了我們的主人，我們被人際關係搞得捉襟見肘、疲於奔命。

想要增加自信時，跟別人比我們比較強的地方；而想要增加鬥志時，就跟別人比我們比較弱的地方。把這事想成是打遊戲時，遊戲讓你自己選擇要打容易的關還是艱難的關。有鬥志的人，當然會選艱難的關。已經知道一定能打贏的關，應該只有為了累積分數賺金幣，才會去打啊，不然有什麼樂趣？

也許有人會擔心，這樣避重就輕，是否過於自得其樂？

坦率的看，情商就是要自得其樂，如果我們不自得其樂，難道永遠要指望別人來逗我們樂嗎？那要等到哪一天？如果別人老是不來逗我們樂，我們怎麼辦？難道就哭嗎？

請別以為這種主動的能力還需要額外訓練，我們其實早已在使用這個能力了。**我們**

要比較收入時，絕對不會去跟世界首富比，只會選條件跟我們差不多的人來比；我們要比較伴侶的高下時，也不會去跟好萊塢的明星比，而是選認識的人的伴侶來比。我們一直都隱隱控制著比較的規格、參賽的等級，不會任性的全世界亂比，而把自己逼到沒路走，逼到感覺這條命不值得活下去。

我們早已懂得選擇比較的對象，那就一定也能選擇比較的項目，以及更重要的、選擇跟別人比較的原因，為什麼而比？比了以後要幹嘛？

我們已經註定要活在這個運動場上，註定會有比分，那就在所有可以選擇的項目上，都不要放棄主動選擇的權利，不要被想像中的評審或觀眾牽著鼻子走。

多給自己一個選項，情勢馬上逆轉

我在一位日本精神科醫師的網頁上看到一段話，他說他常給壓力太大的人一個簡單的建議：

「減少壓力唯一的方法，就是放手……放掉『事情非如此不可』的想法……你會發現可以放手的事很多，但最後會留下無論如何都放不掉的事，那些放不掉的事，就是你活下去的理由。」

很多精神科醫師都會教人要放手，可是這段話不一樣。不一樣的地方在於結尾，他除了叫人放手之外，還多給了一個選項：**「當然會有怎麼樣都放不了手的事情，那些就是活下去的理由。」**

他多給了這麼一個選項，聽的人就得到了選擇的機會，可以選擇放或不放。而可以做選擇，正是成為「主動者」的基礎。

你叫小孩把桌上的食物都吃掉，小孩會覺得自己被強迫，因為毫無選擇。如果跟小孩說，桌上的三樣食物，可以選兩樣不吃，但剩下那一樣，一定要吃完，小孩有了選擇權，不再覺得是被迫，他會感受到採取主動的樂趣。

病人不用什麼都放掉，但唯一那件怎麼放都放不掉的事，會成為活下去的理由，這是醫生把主動選擇權交給了病人，而病人有選擇的同時，也因而產生了責任感：做完選擇之後，對選擇的結果負責，對所謂活下去的理由負責。

成為主人，並不是成為頤指氣使的大員外，而是在雜亂的狀況中，主動整理出自己的優先順序。

當你感覺到完全處於被動時，眼睛再看遠一點，手再伸長一點，給自己多找一個選項出來，把毫無選擇的被動處境，轉為有選擇的主動處境。

多給自己一個選項。想增加自信時，就選擇跟別人比我們強的地方；想增加鬥志時，就選擇跟別人比我們弱的地方。

人際關係要為我們而存在，不是我們為人際關係而存在。

主動做選擇，成為人際關係的主人。

完蛋了!!只考80分
嗚嗚~
別哭啦
手帕借妳
我的眼淚不會因為
你的笨手帕
停止的
妳看
我只考7分
早點說嘛
舒服多了
……

20. 動不動就用被動句，表示你不想為自己的選擇負責

你才是最關鍵的決定者，可以一步步往目標靠近。

「我被我朋友騙走了四十萬……」坐在吧台前的鬍子大叔，又像是在跟酒保講話，又像是自言自語。

酒保嘆了口氣。

「喝慢一點，這個酒後勁很強。」

大叔面無表情的點點頭，又舉杯把面前的一整杯龍捲風都乾了。

「然後就被我太太趕出來了，我太太說我是白癡，只會交爛朋友，她說她這個月都不要看到我。」

「前面轉彎就有一家小旅館。」酒保說。

大叔總算抬起眼來，看著酒保。

「你說，我是不是被世界拋棄了？我是不是快要從這輛你們都還在開心玩樂的世界號特快車上被扔下車了？」

過了半小時，大叔搖搖晃晃的走出酒吧，也不知道是不是真的要去住旅館。

大叔走出去了，進來一個大姊。

大姊一屁股坐在吧台，嘆了口氣。

「我朋友開店，我幫忙投了四十萬，一個月店就收了，四十萬沒了。」

「想喝什麼呢？」酒保問。

「有毒藥就喝毒藥，沒毒藥就喝威士忌吧。」

「毒藥有，可是那是老闆留給我們員工喝的。你是客人，喝威士忌吧。」

酒保動手削威士忌用的大冰球。

「我先生說我是白癡，只會交爛朋友，他氣得說他這個月都不要看到我，剛好我也不想聽他囉嗦，今晚住旅館得了。」

「前面轉彎就有一家小旅館。」酒保說。

「你說，我是不是全世界最笨的笨蛋？」

「討厭」與「欠揍」，千錯萬錯都是別人的錯

大叔跟大姊，說的是不是同樣的故事？

表面上看起來是同樣的故事，可是像你這麼聰明的人，多看一眼就知道：發生的事情一樣，可是故事不一樣。

大叔講故事，每一句都是被動式：「我被騙」「我被趕出來」「我被拋棄被扔下事」。

大叔講的故事，是一個被動的故事。

而大姊講故事，沒有用被動式，大姊講的都是：「我這樣」「我那樣」。

大姊講的故事，是一個主動的故事。

我猜大叔跟大姊都沒有意識到自己是怎麼講故事給別人聽的，就像你我也幾乎不會意識到這件事一樣。

如果你現在上我的節目，講個故事給我聽，比方說你要講的是：你同學或同事最近又做了什麼討厭的事。

你要不要現在就在腦子裡轉一下，看看你會怎麼講這個故事？

我先來試一下哦。

「坐我旁邊那個傢伙的頭好臭，還老是大聲放屁，根本就是想逼我換位子！真討人厭。」「每個月都換一個男朋友。她以為自己很迷人嗎？噁心死了，超欠揍。」

這樣的敘述句，隨時都可以看到，直到這一秒為止，你一定覺得這麼普通的東西，有什麼好探討？

既然要聊別人跟自己的關係，就探討一下其中隱藏的對人對己的態度吧。

「討厭」「欠揍」「這可是你逼我的」「他們擺明了就是要惹我翻臉」……這些字句的共同特色就是：我本來好好的，都是別人來惹我。

「討厭」跟「欠揍」這兩個詞，多麼精確的傳達出：不是我要厭惡你，是你來跟我討，我才賞給你我的厭惡。不是我要揍你，是你欠我，我只好勉為其難責無旁貸的揍你。

反正，講來講去，都是別人的錯。

「討厭」與「欠揍」，雖然語氣聽起來很霸道，但表面霸道，骨子裡仍是完全的被動。為什麼我們總是會被招惹到？為什麼路過的人，十個有八個會踩到我的腳？除了是別人的問題，當然也是我的問題。

你可能覺得，所有人都講「討厭」跟「欠揍」，這沒什麼特別的吧！

不過我在《說話之道》那本書裡，講過我小小的想法：「我們說什麼樣的話，就是什麼樣的人。」只是我們很少察覺而已。

有人一直吸鼻子，我們會立刻判斷他鼻子過敏。**那如果有人講自己的故事，卻總是不自覺的在用被動式的講法，我們也會根據這個來判斷他對人際關係的被動。**

你不是「被」當、「被」分手，你是主導者

是啊，人生很多事情本來就是被動的，鴿子飛過頭頂，拉屎在我們頭上，這總不可能是我們主動把頭湊上去。所以我們會說「遭遇」，遭到什麼遇到什麼，都由不得我們。

但**如果常常脫口而出就是被動句，這可能意味著我們不想承擔自己所做的選擇。**

比如我們選擇了翹課，等到這一科考試不過關，我們說我們被老師掛了當了，而不說是我們選擇不念書。把事情都推給別人，當然很輕鬆，但造成的後果就是，我們越來越忽略自己在很多事裡其實是最關鍵的決定者。

我在講情商的時候，先講「明白」，再講「剛剛好」，因為前面如果沒有明白，後面就做不到剛剛好。

當我們談論人際關係的時候，先弄明白我們為什麼要跟這個人有關係，為什麼要繼續維持關係，弄明白了以後，才會知道我們要怎麼面對這一份關係，才可能做得到剛剛好。

有個開玩笑的說法，說如果你交不到朋友，就去找一個女神男神級的對象告白，這個被你告白的神，出於教養，不好意思說「你滾」，只好委婉的說：「不好意思，不如這樣，我們還是做朋友吧。」於是你瞬間就交到了一個朋友。

這當然就是一個「不明白」的人的悲慘故事，如果真有人靠這麼慘的招數交到了朋友，怎麼可能滿足對朋友關係的期望。

有的人跟伴侶分手之後，選擇完全不要再連絡，因為她明白，她所需要的跟對方的關係，必須是愛情關係，如果沒有辦法維持愛情的關係，她就不要再跟這個人有瓜葛。而有一些人選擇在分手之後維持朋友的關係，這是因為雙方很珍惜彼此的互相理解互相關心，選擇把這份理解與關心轉移為友誼的基礎。這兩種不同的選擇，都是因為明白對這份關係的需求，而做出了自己覺得恰如其分的安排。

電影《真愛挑日子 *One Day*》裡，女主角對男生說出了那句有名的台詞：「我仍然很愛你，我只是不再喜歡你了。」這也是一句心態很明白的話。只有弄明白自己對於這一段人際關係的需求，才會知道是要繼續這段關係，還是轉化這段關係，或者是結束這段關係。

很想吃一家店的牛肉麵，但店裡已經不再供應牛肉麵的時候，有的人會依然坐下來，改吃雪菜肉絲麵，有的人會換餐廳去吃牛排或義大利麵。明白自己的需求，才能根據這個需求，找出彈性處理的空間。

不要拿對別人的期望，來豁免自己的責任

你如果習慣用被動式講話，可以趁這個機會想一下：在你的人際關係裡，你是否總是期待別人的照顧、期待命運的成全、期待全世界的配合，而不是期待自己走一步算一步的往目標靠近？

在人際關係裡對別人有期望，完全合理，但請不要拿對別人的期望，來豁免自己的責任。

如果脫口而出：「你老是把房間搞這麼亂，是不是一定要逼我生氣你才開心？」這時要警覺：這是我們在把自己的標準強加在別人的生活上，卻反而怪罪對方不符合這個標準。

我們不能因為自己長到一百八十公分高，就跑去對一百五十公分高的人說：「你為

什麼老是只長到一百五十公分？你就不能再長高一點嗎？你這是故意要惹我生氣嗎？」這當然是無理取鬧。

在描述人際關係的時候，一味的使用被動語句，很可能會變得逃避責任而習慣了扮演受害者，或是需索無度而變成一個暴君。可以想像，這都會搞砸我們的人際關係。

別人跟我們維持關係，是期望我們好好當一個人，而不是一下當愛哭的小蟲，一下又當噴火的惡龍。

我擔任地方法院的法官這些年來
已經在法庭上見過你七次!
難道你不覺得羞恥嗎?
…你不能升官
不能怪我啊…

21. 我們的付出，是對方真正需要的嗎？

看見對方的需求，進而包容與成全。

一家酒吧只要開得夠久，見多識廣，過盡千帆，那麼，客人在酒吧裡拿出什麼東西來，都沒有人會覺得奇怪。

不過當這位客人從背包裡拿出這樣東西，鄭重其事的打開來時，正在調酒的酒吧老闆還是忍不住挑了挑眉毛。

這位穿著窄裙套裝的客人，她拿出來的，是一個便當。

她點的調酒是新加坡司令，老闆把酒端給她時，順便也給了她一杯水，祝她用餐愉快，她也就怡然自得的吃起了她的便當。

「其實這店裡也賣吃的，像是三明治啊，又甜又辣的蛋餅啊什麼的，我們都不自己帶便當來的。」酒吧裡的常客、過氣的節目主持人湊過去說。

窄裙女笑了出來。

「我不是故意要來這裡吃便當，這是我先生做給我吃的。我今天開會開了一整天，根本沒空吃便當，但又捨不得倒掉……來，這片排骨給你吃，我一個人吃不了。」

「那你就把完整的便當帶回去，讓你先生知道，你根本沒空吃，他明天就不用再做便當給你帶了啊。」

「這樣不就等於潑他冷水？」

「起碼他就可以把時間花在別的事情上。」

「其實以前我跟前任在一起時，都是我做便當給他們吃，他們如果根本沒吃，我會很不開心，覺得心血被忽視。」窄裙女說。「沒想到有一天也能夠輪到我沒空吃另一半做的便當，還怕對方傷心。哈哈哈哈……」

「如果他不做便當了，你希望他把那個時間拿去做什麼？」

窄裙女想了一下。

「他可以去把英文學好，他如果把英文學好，我會更高興，比吃便當高興。」

平常超酷的酒保忽然走過來，手上拿了根叉子，直接就把窄裙女便當裡的炸滷蛋叉走。他顯然覬覦這顆滷蛋很久，終於沒忍住，千里迢迢穿州越府的過來把炸滷蛋給劫走。

「學英文，那是成就他自己，跟做便當給你吃是兩回事。做便當，他才會覺得他是在付出，是在為你們倆的關係奉獻他的心力。」酒保說完，把整顆炸滷蛋塞進嘴巴裡，揚長而去。

你是在意對方的需要，還是在意有沒有回報？

在人際關係裡，我們的付出，是不是能夠對得準對方的需要？

有些講究的餐廳，主廚做了精緻的菜餚送上桌來，主廚本人還要特地從廚房出來，在桌邊為客人講解這道菜的精妙之處。

這當然是主廚對客人的付出，又要做好菜，還要百忙中從廚房出來講菜。我們做客人的，理當尊重主廚，專注的把講解聽完。不過，等到聽完，菜已經冷了。

主廚的付出，沒有對準客人想趁熱吃菜的需求。

我做節目最好的搭檔小S生第一個孩子的時候，我覺得千載難逢茲事體大（誰知道她會接著又再生了兩個），想送一個難得一點的禮物，我在家裡搜來搜去，搜出一個漢朝的玉墜子，雕刻的是一個嬰兒的模樣。這塊玉的模樣很古雅，應該不是小S家裡會有的東西，我就把它當小孩的滿月禮送出去了。

過了一年，我跟小S聊天的時候。她跟我說完全不記得有這回事，不記得有這樣東西。

運氣好的話，我猜這塊玉就卡在某一個抽屜縫裡，幾十年之後再見天日。運氣不好的話，可能已經被當成一塊從旅館拿回來的用過的小肥皂，丟掉了。

粉絲送給偶像的禮物，往往更費心血。厚厚一整本筆記簿貼滿了偶像的照片，每張照片還附一段手寫的文字，親手用紙折成的小星星裝滿了比柯基犬還大的一整罐。每天上課偷偷在底下打毛線打出來一條可以把脖子圍三圈的長圍巾，上面還織出了偶像與自己的名字。

粉絲心裡也知道，自己愛的偶像那麼受歡迎，光一天就不知道要收到多少份禮物，但那不相干。不送出去，偶像就無從知道自己的這份心意；送出去了，起碼就有了被偶像注意到的機會。而且這種事情，對得起自己的心最重要，如果這種事還計較什麼效率，那根本就不懂愛。

暫時放開粉絲這種「只問付出，不問收穫」的情懷不談，在一般的人際關係裡，有關付出的，我們最常聽到的一句台詞就是：「我付出了這麼多，結果我得到什麼？」

很顯然的，大家對於自己的付出，在乎的不是有沒有對準，而是有沒有得到回報。

別一味付出，要對準對方的需求

我一直覺得：**太多人讚賞判斷錯誤的努力，太少人讚賞判斷正確的放棄**。沒有對準對方需求的付出，對方等於沒收到，那就很難有回報。拿槌往錯的方向去敲鑼，結果沒敲到鑼，當然聽不到響聲。

但更糟的狀況是，對方不只是收不到，甚至覺得是干擾。槌沒敲到鑼，反而敲到頭。

我們長大以後，不管是忙學業、忙工作，還是忙應酬，要忙到幾點鐘回家，自然有我們自己的判斷。如果已經告訴媽媽，請媽媽不要熬夜等門，應該已經算是完成了對這件小事的溝通。

可是往往當我們在半夜兩點回到家的時候，會發現在沙發上打盹的媽媽，被我們的開門聲驚醒，從沙發上跳起來迎接我們，同時附贈一頓數落。

媽媽硬是要熬夜等門，付出了擔心，付出了體力，睡沙發可能還付出了筋骨，但我們沒辦法回報這一份付出，因為我們已經告訴了媽媽我們的需求，我們當晚必須忙到很晚。然而媽媽基於她的原因，決定忽視這個通知，不接球，讓溝通落空，仍然依照她想要的方式付出。

這當然就是為什麼，當我們想要大醉一場的時候，通常不會找媽媽，而是找好朋友去酒吧（你當然也可以同時找你媽跟你好友一起去，這樣你的好友可能只會乖乖點一杯熱牛奶）。

媽媽的第一需求是要維護我們好好活著，喝醉酒對好好活著沒幫助，所以媽媽付出各種努力，不讓我們喝醉。從生存的角度來說，這確實是為了我們好，但媽媽的付出是基於媽媽自己的需求，而沒有打算考慮我們的需求。

好友跟媽媽不同，好友不會覺得對我們有什麼付出的義務，也不會像媽媽那樣，覺得我們的生存是世上最重要的事。好友覺得我們想喝醉，就陪我們喝醉，喝到吐也沒什麼，只要把我們安全送回家就好。如果好友也爛醉，那就只好各憑本事回家，但喝酒不要開車啦。

愛一個人的功力分成四層

假設在人際關係裡，你的付出常常換不來你所期待的回報，你可以往上游眺望一眼，看看你的付出，是基於你自己的需求，還是你所判斷的對方的需求？

愛一個人，有功力高下之別，所以我們才會說，某某人是一個很糟糕的愛人，而某某人甚至根本就不懂愛。

心理學上，把愛一個人的功力分成了四層。第一層：關注；第二層：看見；第三層：包容；第四層：成全。

粉絲愛一個偶像時，一定做得到第一層，很關注那個人。然而，是不是能夠做到第二層，去看見偶像作為一個人的需求呢？粉絲有時候會對偶像失望，可能就是因為偶像只顧著依照自己的意思行動，而忽略了粉絲的需求。偶像暗地結婚甚至有了小孩，粉絲知道後不能接受，這樣的例子很多。如果發生這種情況，就表示粉絲對偶像的愛停留在第一層。

高下之別的關鍵，在第二層之後。當對方是我們的伴侶或家人，我們看見了對方的需求，是把頭轉開視而不見，還是我們真的看見而且搞懂，進而包容與成全對方？

當然，我覺得第三層的包容與第四層的成全，在運氣比較好的人生裡才會發生，我們不會每個人運氣都這麼好。

如果對方有一些活見鬼的需求，我們可不打算又包容又成全，到頭來把自己給整死。人際關係本來就是各種妥協互相成全，豬八戒、孫悟空跟唐僧如果是一家人，他們也許能夠互相包容並成全對方，那是他們運氣好。

在《哈利波特》的故事裡，大正派鄧不利多校長，曾經是大反派佛地魔的老師，校長曾經重視這個學生，他關注也看見了這個學生的需求，可是這個學生的需求實在太活見鬼、太恐怖，校長當然就跟這個學生分道揚鑣。

我們祈禱自己別遇上佛地魔，然而世界上活見鬼的人很多，所以我們透過對情商的了解，追求明白，然後追求恰如其分。在第一層的關注與第二層的看見之後，我們要在第三層進行核對，核對我們的需求跟對方的需求有多大的差距。然後，我們恰如其分的面對這段關係。人是隨時變化的，人的需求也會變。核對之後，如果必須走開，就只好走開，把對方與自己的人生空出來給更適合的人。

大家各自的人際關係，本來就是各為其主而存在，不值得本末倒置，讓自己倒過來被人際關係拖著跑。

所以，暫且不要那麼樂觀的幻想一定會有包容與成全，把第三層跟第四層改一下，改實際一點：

第一層：關注；第二層：看見；第三層：核對；第四層：面對。（老天保佑大家。）

爸爸...這是存很久的1200
是你一天的工資
今天可以陪我嗎？
過來~
我抱抱你
小明聽了 決定效法
爸爸！你一天可以
賺多少錢呀？
快十萬吧
怎麼了？
沒事...問問而已

22. 面對威脅利誘，還是可以和平落幕

問自己，如果威脅利誘成真，那又會怎麼樣呢？

酒吧要打烊了，再不打烊天都要亮了。

幾乎每天都來的老客人，那個過氣的節目主持人，喝得非常失控，整個人醉到上半身趴倒在吧台上，頭完全抬不起來。

今天是老闆自己在調酒，他用力的想要推醒主持人，主持人還是沒有抬起頭來，就這樣把頭埋著，模模糊糊的、大著舌頭說：

「你再推我，我就要到網路上去罵你……」

「罵我？你要罵我什麼？」

「罵你……對老客人無情。」

「罵完又怎樣？」

「再給你打個大叉，給你很多個負評。」

「你覺得你這樣做，我的店會怎樣？」

過氣主持人終於抬起頭來。目光渙散的望著老闆。

「你的生意就會變不好……」

「我的生意一直都不好啊。」

主持人抬頭四處看了看，果然只剩下自己一個人。

「我明天就帶我的大批哥兒們，來給你捧場。」

「那我也不會發財呀，還是謝謝你啦，我給你叫輛車吧。」

老闆給主持人叫了車，用很大的力氣把主持人支撐起來，送上車去。

酒吧剩下老闆自己一個人，他收拾著桌椅，一邊想著：開了酒吧這麼多年，遇到各種耍派頭的客人，這些客人總共也就兩招，要不就是威脅，說要到外面去講你的壞話，讓你生意變差；要不就是利誘，說要替你拉更多客人來，讓你多做生意。

不管對方是威脅還是利誘，目的就是一個，要你覺得他是最重要的，是最不可或缺的。

剛開始遇到這樣的客人，聽了這種話，都還會當一回事，真的以為伺候好了就會發財，伺候差了就會倒閉。等時間久了，店裡上了軌道，這樣的客人也遇得多了以後，漸漸就學會了問一句話："So what?" 也就是：「那又會怎麼樣呢？」

「那又會怎麼樣呢？」把我們拉離恐怖片現場

父母或伴侶也許是最重要的，是最不可或缺的。當父母或伴侶被我們氣壞、想整治我們，終於脫口而出了威脅或者是利誘的話的時候，我們有什麼辦法讓自己不要嚇得發抖，不要什麼條件都答應，而能夠平靜下來，面對他們的威脅利誘？

我們可以發揮想像力，想像一下爸爸媽媽的威脅或利誘，會怎麼樣的改變我們的生活？也就是問自己那一句話：「如果威脅與利誘的內容，不只是說說，而是真的發生了，那又會怎麼樣呢？」

當我們這樣問自己的時候，首先我們會進入一個自己跟自己討論事情的狀態，這個狀態比較容易讓我們平靜下來，因為這個問題會把我們拉到未來去，讓我們暫時脫離氣氛緊繃的現在。

人只要一登高望遠，見到開闊的景象，心情就會放鬆下來。坐在江邊，看著江中的帆船來來往往，才會產生「千帆過盡，無非是為名為利」的感慨。只要視角一拉遠，原本為之困頓的原因，瞬間就變得不再那麼沉重。電影裡拍殺人的戲，如果鏡頭大特寫，鮮血在我們眼前亂噴，我們看戲的人就會覺得喘不過氣來。但是如果把鏡頭拉得很遠，每個人物都變得小小的、遠遠的，那不管殺人的手法再怎麼血腥，我們成了遠距離之外看戲的人，就不會再緊張，取而代之的，是觀察者那種悲憫的感嘆。

把距離拉遠，把我們帶離現場。這就是「那又會怎麼樣」這個疑問句的功能。

面對劇烈的情緒，你要練習冷靜

爸爸媽媽的利誘，通常是描繪美好的遠景。

「你乖乖住在家裡，三餐都有人照顧，不是很好嗎？」「你聽我的話念這個系，將來多容易找工作。」「你嫁給這個人，就不用再上班啦。」「再多生一個，家裡多熱鬧。」

這些利誘並不是不吸引人，只是可能要站在爸媽的立場，才會覺得吸引人。如果站在子女的立場，那就各自有各自「恕難從命」的一肚子苦水。

一旦利誘不成。往往威脅隨之而至。

「你這樣，媽媽要生氣囉。」「以後都不給你買玩具了。」「你要不聽話，就給我搬出去。」「你不把我當媽媽，我也不要你這個孩子了。」「你這樣怎麼對得起列祖列宗？」

反正這類的台詞表面變化很多，其實萬變不離其宗或不離祖宗，連續劇三不五時就會冒出幾句，給家長們提供靈感。

當爸爸媽媽說出這些話的時候，他們應該都是真的感覺到失望、痛苦、悲傷，或者憤怒，這是他們的情緒，我們想干涉也干涉不了，也沒有資格干涉。

但如果我們因此而一起變得氣急敗壞，很慌亂的去面對父母的情緒，那可就浪費了重要的溝通機會。劇烈的情緒起伏是很消耗能量的，爸媽費力的表達了情緒，如果換來的是小孩毫無章法的混亂反應，這些情緒就都浪費掉了。費力表達了情緒，卻不但沒有帶來溝通，反而帶來逃避，這當然是浪費。

面對父母或伴侶劇烈的情緒，如果還想要溝通，那就必須要鎮定，要冷靜，也才不會浪費雙方情緒的巨大付出。

把每一句父母或伴侶的威脅或者利誘，帶到現場以外的地方去，拉遠了推演看看，看看如果真的發生了那些威脅利誘，會對自己的生活造成什麼樣的改變。

如果造成的是物質上的改變，比方說，零用錢沒了，或者要開始自己交房租了，或者遺產要泡湯了，那我們就只好掏掏口袋，看看我們吃不吃得消這個物質上的損失，吃不消的話，談判的籌碼當然就減少。

籌碼減少，不表示要放棄談判，可是談判的結果多半就不理想，只能達成我們期望的五分之一，甚至十分之一。但其實如果每次跟爸媽伴侶的溝通，都能有十分之一的效率，已經是非常令人雀躍的成果。不過當然也要有心理準備，可能談判下來，什麼目標都達不成，零分，那也沒辦法怨恨對方，只該怨恨自己的籌碼累積得不夠。

藉由這麼一場談判，能夠認知到自己累積的籌碼不夠，這很划算，因此而能夠警覺到，自己的願望超過自己的能力，花果山的大王到了天庭去求官，結果最多也只能夠去餵馬。越早領悟到自己的籌碼不夠，就會越早開始累積籌碼，這對之後的談判當然是有利的。

「斷絕親子關係」真有那麼恐怖？

如果對方的威脅，不是改變物質，而是會造成精神上的改變，比方說，媽媽或伴侶每天哭給你看，或者跟你冷戰六個月，或者被爸爸斷絕了父女關係，那我們先別急著在一片模糊中窮緊張，**姑且想像一下：第一，這個威脅就算發生了，具體是什麼狀況？第二，真的發生，可以有多少轉圜的餘地？第三，如果完全沒有轉圜的餘地，我們吃得消**

嗎？

不妨從最嚴重的一種開始想像，所謂「斷絕父女關係或父子關係」，到底實際上是什麼意思？是你不能夠再繼續姓你原來的姓嗎？沒有這樣的法律條文。是你如果再叫一次對方爸爸，就會被槍斃嗎？也沒有這樣的法律條文。我們最常見到的所謂斷絕關係，其實就是雙方不連絡、不說話、不通信，實際上就是冷戰。

冷戰跟熱戰不一樣，熱戰要消耗軍火糧食，有時間壓力。而冷戰，沒有時間上的壓力，要搞多久就搞多久。

而時間有什麼神奇的力量？這個你一定已經聽過了：時間可以治癒一切。

進行冷戰的雙方，其實都不知道這場冷戰應該要持續多久，這恐怕是親子或伴侶之間冷戰的真正面貌。雙方都不知道到底該怎麼辦，到底要達成什麼戰果，雙方都只想把問題擱著不管，就是因為這樣才會進行莫名其妙的冷戰。

只要其中有一方某一天忽然領悟到，他所要的戰果到底是什麼，他應該就會是終結冷戰的那個人。

於是媽媽忽然某一天就撥了一通電話給女兒，也許是媽媽自己生病了，也許是媽媽輾轉知道女兒生病了。這個電話一打，冷戰也就結束。

冷戰，是為了擱置問題

親子之間冷戰的奇特之處，就在於：往往要等到這場戰爭結束了，才發現這場戰爭是多麼的不必要。因為這種冷戰永遠都不是為了解決問題，而是為了擱置問題。擱置一切就是冷戰的基礎，一旦能夠面對，冷戰就會結束。

這樣的冷戰，轉圜的餘地說大不大，說小不小，一通電話或者一張生日賀卡就能轉圜的事情，不可能太嚴重，但當事人如果認真執行，一場冷戰超過三年也是常有的事。

令人寬慰的是，人的心會變，每分鐘都在改變，就算心自己不改變，身體的改變也會逼著心改變，你漸漸成熟，爸媽漸漸衰老，光是這樣身體的改變，雙方的心就一定會隨之改變，轉圜的契機也就因此來到。

雙方僵持不下，那才叫冷戰。只要有一方停止冷戰，就算另一方不理你，那也就不能再叫冷戰了，只能叫作「我爸還是不理我」，或「我媽還在生我的氣」，傳說中的「我要跟你斷絕父女關係」，乍聽之下非常恐怖，推演之後，大概就是這樣。肯定不愉快，但應該吃得消，到底會嚴重到什麼程度，絕大部分可以操之在你。

不要誇張的一直聯想到古裝連續劇當中，父親被氣到當場狂噴鮮血，母親當場跳井自殺的那些畫面來嚇唬自己。只要我們訓練自己使用「就算真的發生了，那又怎麼樣？」這個疑問句，來面對爸媽或伴侶的威脅與利誘，鎮定的認知自己擁有的籌碼，同時也體會對方的處境，這場談判總是會有一定的成績。

對方宣戰，你不一定要應戰

在養育孩子這件事情上，爸媽的付出一定超過孩子，爸媽人生剩下的時間也一定少於孩子。純粹以不想白忙一場的角度來想像這件事，很少有爸媽會要摧毀自己的孩子。不管是斷絕遺產還是斷絕名分，恐怕都一定要有非常罕見的理由，爸媽才會認真要把孩子的人生丟到馬桶裡去沖掉啊（要沖，一開始就沖掉，大家都省事）。

如果不幸真的陷入了冷戰，冷靜的想想對方要什麼。如果他們要的是面子，要的是台階，要的是感恩，要的是道歉，這些很明顯都是你完全給得起的東西，選一個時間，把這樣東西給他們，而不要沒完沒了的冷戰吧。

如果跟好友發生了冷戰，也請比照處理。對方宣戰，不表示你要應戰，你可以不戰，更可以令對方發現：沒有戰的必要。**只要讓對方看見，這場想像中的戰爭，根本不會有任何戰果可言。沒有戰果的戰爭，有什麼好打？**

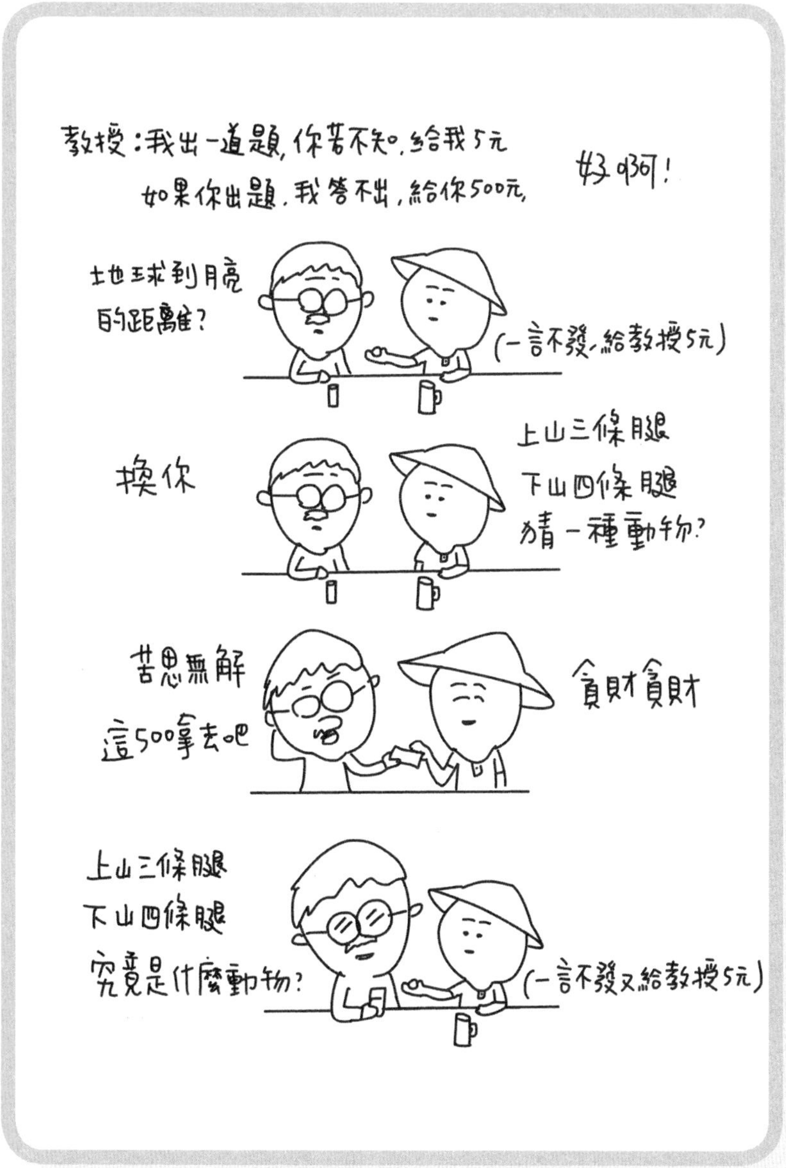
教授：我出一道題，你若不知，給我5元
如果你出題，我答不出，給你500元，
好啊！
地球到月亮的距離？
（一言不發，給教授5元）
換你
上山三條腿
下山四條腿
猜一種動物？
苦思無解
這500拿去吧
貪財貪財
上山三條腿
下山四條腿
究竟是什麼動物？
（一言不發又給教授5元）

23.

有自知之明就像練了上乘內功，就算受傷害也不會致命

只要頭腦清楚，就不會留下一個個大洞，讓別人的意見輕易入侵。

一個瘦而結實、只穿了運動緊身背心的男生，走進了酒吧，在吧台坐下。吧台坐了一位假睫毛很長、穿著很火辣的美眉，看起來已經微醺。

「你手臂線條練得很好哦。」假睫毛妹說。

「謝謝，你的線條也很棒。」背心先生說。

「可是，你好像沒怎麼練腿……跟上半身比起來，腿看起來好細。」

背心先生沒有料到假睫毛妹說話這麼直率，稍微愣了一秒。

「你眼力真好，哈哈。」背心先生只好打個哈哈。

「你都穿緊身背心了，不好好看一下你，有點失禮吧。」

「結果被你看出破綻。」背心先生苦笑。

「男生腿粗一點好看啊，幹嘛不練腿？」

「哈哈，練腿很辛苦，練上半身效果比較明顯，比練腿划算。」

「如果在游泳池，要穿游泳褲的話，就遮不住了。」

「反正我都是來酒吧交朋友，上半身夠看就夠了。等哪天我把腿也練好了，再去游泳池交朋友吧。」

話不投機，背心先生說完，就起身離開吧台，去找別的座位了。

確實，在酒吧坐著喝酒，又不起身跳舞，上半身線條好看，就足以吸引人了，配上酒吧的燈光與煙霧，背心先生很引人注目。

假睫毛妹的戰術也很正確，配上酒吧的燈光與煙霧，假睫毛形成了迷人的陰影，別有一番風情。至於她小姐的腿毛今天有沒有刮乾淨，誰會注意到呢？又不是在游泳池。

雖然他們兩個人話不投機，可是相信他們今晚還是很容易各自交到朋友的。

知道自己的優劣勢，別人的意見就不是那麼重要了

如果去酒吧不是為了買醉，而是為了交朋友，自然會好好打扮，強調自己的優勢，

吸引別人的目光。

有些學生去學校打扮得很好看，會被老師責備：「學校是讀書的地方，打扮成這樣是要給誰看？」

問題是，學校明明就不只是讀書的地方，絕大部分的大人都會鼓勵小孩說：「到了學校要多交朋友哦。」不是嗎？

既然學校也是交朋友的地方，打扮一下也是很應該的事吧。

打扮的基礎是什麼？

是「自知之明」。

知道自己的優勢跟劣勢，不盲目的跟隨流行，誰管他本季流行什麼色。

知道自己這次是為什麼而打扮，是去面試一個慈善組織的工作？還是去參加前任的婚禮？（到底是誰會去參加前任的婚禮呀……）

背心先生知道自己身材的優勢與劣勢，也知道自己為什麼而打扮。

所以雖然遇上了說話有點坦率的假睫毛妹，被看穿了自己的障眼法，還是很鎮定，不至於意志動搖，奪門而逃，也不至於立刻衝到健身房去練腿。

拉朋友一起去逛街買衣服的人，分成兩種：一種會詢問朋友，把朋友的意見當回事；另一種會詢問朋友，然後完全不把朋友的意見當回事。

那些不把朋友意見當回事的人，並不是不相信朋友的眼光，而是更相信自己的「自知之明」。他們知道自己為什麼會選擇這件衣服，打算要在什麼場合穿、這個價錢是否合適自己的預算、衣櫥裡是不是就缺了這麼一件。

如果一個人知道自己為什麼做這個選擇，別人的意見就沒那麼重要。

有自知之明，人言就不再可畏

跟人瞎聊天很開心，但如果是要交流價值觀的話，有些人覺得「溝通」很困難。要溝通的對象若是師長、上司或長輩，往往還沒有開始溝通，就覺得嘴軟。

這一方面可能是真的很害怕對方，另一方面更可能是：自己雖然做了決定，可是根本沒弄清楚這個決定是怎麼來的。

要去哪個學校念書，要念什麼科系，要做什麼工作，要跟誰交往或結婚……每件事都需要做決定，可是這決定是怎麼來的？

已經要開車上路了，結果把車子的引擎蓋打開，發現裡面根本沒有引擎！這時候當然隨便誰拿一個能用的引擎來裝上，讓車子能發動，事情就往前繼續了，要怪只能怪原本是車主的這個人，誰叫他對車況這麼沒概念，連引擎都沒有準備，當然也就失去了堅持己見的立場。

我常聽別人稱讚某人「內心強大」「氣場強大」，講得好像日常生活成了玄幻小說或武俠小說，其實說穿了，某人依靠的不是內心和氣場，依靠的是頭腦清楚，明白自己為什麼做了這樣的決定。

自己選好了引擎，裝好了引擎，就不會讓自己的車子空出一個大洞來，等著讓上司老師三嬸婆二叔公七手八腳的來代替你把那個大洞給補上。

只要從買衣服這麼小的事情開始練習，培養自知之明，就不至於那麼輕易被人言所動搖。

人言可畏嗎？當然可畏，然而世上可畏之事，比比皆是，馬路如虎口，地震說來就來，從被蛇咬到傳染病，何者不可畏？

在這麼多可畏的事當中，能夠只靠著頭腦清楚就足以克服的，正是「人言」，人言無非就是別人的意見。

頭腦清楚，心思明白，就不會留下那麼多大洞，容許別人的意見不斷塞進來。

下次再擔心溝通很困難的時候，不妨往上游眺望一眼，看看到底是溝通的對象很張牙舞爪，還是自己根本沒有足夠的內容可供雙方溝通。如果自己有了扎實的內容，等著要跟對方溝通，是不是對方就變得沒那麼張牙舞爪了？或者說，對方還是張牙舞爪，可是拿你沒轍了？

武俠小說裡，內功強大的人還是會被偷襲，會中毒，會掉進陷阱，可是他活下來的機會，比一般人大。

內功是什麼？內功就是情商，是做決定時的自知之明。不用蹲馬步綁鉛塊，也不用赤手伸進大鍋炒鐵砂，練起來沒那麼多折磨，一旦練成，雖不足以完全對抗人言，但是活下來的機會，大多了。

火力要集中在保護自己最弱的地方

講到自知之明，想到一個故事。

二次大戰時，盟軍的戰機遭遇德軍地對空的子彈掃射。很多被子彈射到傷痕累累的戰機，好不容易飛回基地。

基地的專家們研究彈痕，發現戰機的雙翼及尾翼中彈最多，於是決定要用金屬來加強雙翼跟尾翼的承受力。這時只有數學家沃爾德獨排眾議，他說：「這些戰機，雖然被射中這麼多子彈，仍然能夠飛回基地，表示雙翼與尾翼中彈後活下來的機率很高。如果這些子彈是射在機身的其他部位，那些飛機就都墜毀了，飛不回來了。我們應該加強保護的，不是雙翼與尾翼，而是其他的部位。其他的部位才是致命的部位。」

我們活著，任誰都會受到別人傷害。不要分散心力去保護那些看起來中彈最多的部位，而是要集中心力去保護那些一旦中彈就會致命的部位。

自知之明，知道自己的脆弱，才會知道怎麼把力氣花在刀口上、把自己裝備到堅強。

你還好吧?
公司倒了,女友跑了
我什麼都沒了
別以為自己一無是處,
好嗎?
唉…
怎麼說?
至少你還有自知之明
喝啦

24. 吵架是關係中的彩蛋，會帶來意想不到的驚喜

口不擇言的爆料祕密，竟讓關係立刻升級！

酒吧的老闆今天生日，他這個人不拘小節，生日也就在酒吧裡隨便過過。幾個常來酒吧的美女上班族，訂了一個別出心裁的蛋糕，好像月球表面一樣，一個洞一個洞的，酒保大展身手，在每個洞裡都放上了一杯噴煙的雞尾酒。老闆吹蠟燭之前，被逼著把這些酒全都喝了。大概是不習慣一下子混著喝這麼多種酒，老闆比平常醉得快很多。

可是酒吧的老客人、過氣的節目主持人，卻沒有上前來湊熱鬧，一個人默默的坐在角落喝悶酒，已經喝到醉了。

老闆拿了塊蛋糕，東倒西歪的送到了主持人面前，老闆講話都已經大舌頭了。

「心情不好啊？來，吃塊蛋糕。」老闆說。

「生日快樂啊。」主持人也是醉醺醺的。「其實，我有準備禮物。」

「那……還不趕快拿出來。」

「我不要。」主持人說，聽起來在賭氣。

「為什麼不要？」

老闆橫豎是站不住了，順勢一屁股坐在主持人的對面。

「快……快把禮物拿出來。」

「拿出來幹什麼？反正你也不會當回事。」

「怎麼可能不當回事，王牌主持人送的，誰敢不當回事？」

「你呀，我去年送你那支手錶，你一次也沒有戴過。」

「胡說，怎麼可能！」

說時遲，那時快，主持人當下就把老闆的手腕扭過來一看。

「你看，你又戴了那個混蛋送的錶。」主持人說。

「你這是什麼話？這個錶是採礦公司的王董事長送的啊。」

「他還不算混蛋嗎？他在你店裡打過我，你忘了？」

「那是因為你笑他沒見過世面啊。」老闆說。

「他本來就沒見過世面，全世界就只有你把他當個菩薩。你這傢伙，裝什麼瀟灑？其實根本只認得錢。」主持人不屑的甩開了老闆的手腕。「就這麼個手錶，你戴了半年都不捨得拿下來。不就是比我送你的錶，多貼了幾塊破鑽皮嗎？」

「你太過分了。」老闆顫顫巍巍的扶著桌子站了起來。「你落魄了，就看不得別人好。你本來沒那麼可悲，你現在這樣子，才真正叫作可悲。」

「你敢說我可悲？」

主持人猛的站起來，去抓老闆手腕上的錶。老闆護著錶，把主持人給摔開了。這下可好，兩個上了年紀的醉鬼，竟然打架了。

美女上班族們趕快上來勸架，大家嬉笑成一團。

人與人交流的五個心理層次

吵架。是雙方關係的炸彈嗎？是爆炸了就會傷及雙方的炸彈嗎？

不見得。

吵架往往是雙方關係的彩蛋，會帶來驚喜的彩蛋。

在我們的文化裡，常常是關係越親密的人，平常講話口氣越不好。雖然有點莫名其妙，可是這樣也有好處，講話凶巴巴的人，不覺得吵架是什麼了不起的事。不像平日被輕聲細語呵護慣了的溫室花朵，一遭遇別人的大小聲，立刻身心摧折淚如雨下……

人與人之間的交流，心理學上粗略的分了五個層次。

最淺的**第一層**，**是打招呼**，幾乎沒有資訊含量。「嗨，你來了。」完全是廢話。對方當然來了，如果沒來，怎麼可能當著你的面跟你說話，又不是託夢。

再來是**第二層**，**交換一些無關痛癢的資訊**。「這天可真熱」「你看這車堵的」之類的，不算是廢話，但講了也等於沒講。

再來是**第三層**，**交換一些看法或觀點**。「何必把錢都綁在房子上呢」「我看這兩個人三年內一定離婚」之類的。大部分的社交談話都會停留在第三層，我們跟大多數人一輩子都維持在第三層的談話。

再來是**第四層**，**交換感受跟情緒**。「我真的不想再上學了」「這世界上根本不可能會有人了解我」之類的。人與人之間的交流，能夠進展到第四層，通常就會被我們當成是朋友了（偶爾，因為沒有後續負擔的關係，我們也會跟網路上遇到的陌生人、甚至是撥錯電話時電話那一端的陌生人傾訴我們的感受。但這不是常態，有時候只是你被對方放在網路上的大頭照或是好聽的聲音引發了一些幻想而已）。

最後是**第五層**，**交換祕密**。「你大概很難想像，我十年前就生過小孩了」「我太太住院時，我跟那個病房的護士戀愛了」「我每星期都要吸七個人的血才能活下去」之類的。能夠交換祕密的人，是人際關係裡最親密的人。

吵架會炸掉顧忌，也炸出不敢開口的祕密

要開口對別人說出自己的祕密，很難。

喝酒的時候，玩的那些「真心話大冒險」的遊戲，或者我們主持節目時，能夠問出來的祕密，絕大部分是一些安全的祕密。「我的下巴是削骨削出來的」「我跟那個明星交往過半年」，大概就是這個程度的祕密。

真正不可告人的祕密，威力很嚇人。義大利電影《完美陌生人》：四對情侶吃一頓飯，所有人把手機掏出來，放在飯桌上，如果有來電或是來訊，內容必須當下讓全桌所有人知道。

結果這頓飯吃下來，祕密連環爆，一發不可收拾。

我們平常跟很要好的朋友相處，熱烈交換著觀念與感受，如果話題觸及到一個你隱藏已久的祕密，你就算想告訴好友，也會忽然壓力巨大。一個真正有祕密的人，光是想像那個場面，也能冒冷汗、頭皮發麻。

通常因為不想處理說出祕密之後的尷尬或羞恥，我們都會把祕密又吞回去。

可是吵架不一樣，因為吵架的時候，我們口不擇言。講道理是講道理，吵架就不是講道理，道理如果講得通，哪還需要吵架呢？總是因為情緒上被逼到退無可退，我們才會吵架。吵架的時候。理性把位子讓給了情緒，而情緒可沒有邏輯，不會去推演說了什麼話會導致什麼後果。

於是很多平日多所顧慮、說不出口的話，吵架的時候就冒出來，有些祕密很具體：「你兒子其實是我跟別人生的。」「我前天說是去逛街，其實是去埋屍體。」都是足以引發心臟病的祕密。

另外有些祕密不是具體的事件，而是在吵架時，透露出「原來你是這樣看我的」，像本篇一開始的酒吧老闆跟過氣主持人的吵架，就是這個路線。

如果祕密說完之後，能夠不引發心臟病，雙方也還沒有絕交，就會使雙方之間的關係再升級，有一種免疫之後更強壯的意思（有些絕交也只是暫時的，人生很長，就算絕交了三年才恢復，也依然可以算是暫時的）。

除了吵架，有些話是永遠都說不出口的。

吵架同時身兼人際關係的炸彈與彩蛋啊。

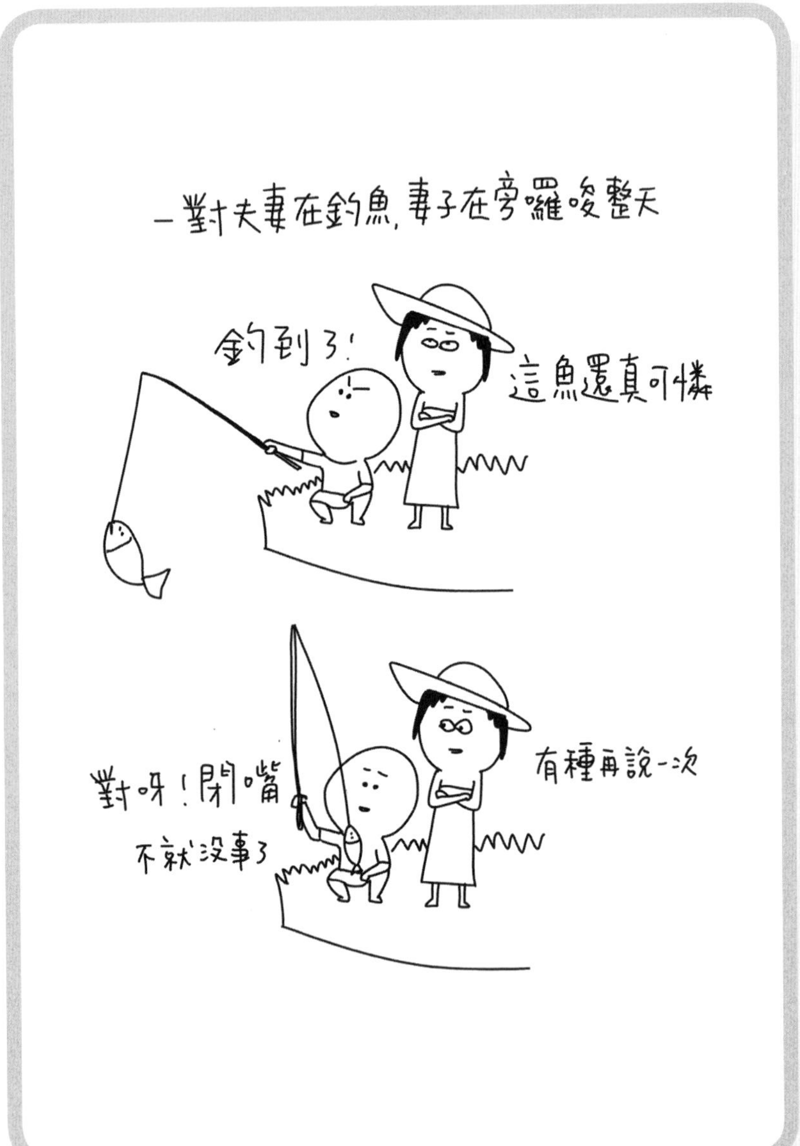
一對夫妻在釣魚，妻子在旁囉唆整天
釣到了！
這魚還真可憐
對呀！閉嘴
不就沒事了
有種再說一次

25.

葬禮上的致辭，讓人生的長假提早來臨

死亡會逼迫我們想到對方的可惡，也想到對方的可愛或可憐。

酒吧的空間，早上租給蛋餅小哥賣早餐。

明明是一模一樣的地方，在黑暗中的時候，跟被陽光照到的時候，竟然會完全不一樣，就像我們的心。

夜間酒吧的常客、過氣的節目主持人，今天竟然一早就出現，穿著幾乎可以說是華麗的三件式西裝，口袋絲巾銀色袖扣雕花領帶夾長鍊懷錶一應俱全，連頭髮也梳得一絲不苟。

蛋餅小哥親手做的花生醬青辣椒蛋餅，已經在附近有了點名氣。小哥有時晚上送蛋餅到酒吧，也曾經見過這位主持人，在晚上總是醉醺醺、滿臉鬍渣，東倒西歪，從來沒看過對方，在早上竟然能有如此龍馬精神的模樣。

不過蛋餅小哥對演藝界人士有成見，看到過氣主持人這樣隆重打扮，不但絲毫沒有為對方感到高興，反而默默在心中感嘆，覺得對方肯定是失業過久沒有節目可主持，過度思念往日榮耀光景，而終於發瘋了。

「小哥，來兩份蛋餅，配你背後雪櫃裡的貴腐甜酒。」主持人說。

「哪有人這麼早喝貴腐酒的？而且這些酒是酒吧老闆的，輪不到我賣給你。」

「我晚上會跟老闆結帳。你把酒拿出來，我現在就是想慶祝。」

「慶祝什麼？」

「我剛剛參加了一個葬禮，現在心情很好。」

「果然是瘋了。」早餐小哥在心中暗暗感嘆。

小哥遵照主持人的意思，弄妥了兩份蛋餅，倒好一杯貴腐酒。

「請問，參加完葬禮，有什麼好慶祝的呢？」蛋餅小哥小心翼翼的問，很怕瘋子忽然發狂。

主持人對小哥舉杯示意，仰頭把酒乾了。

「因為，死掉的人其實是我十幾年的敵人。我沒有想到，這傢伙死前竟然會事先指名要我去他的葬禮。我也沒有想到，我還真的去了。我更沒有想到，他會指定要我上台講話。而我竟然也真的上台講了話，講完之後，我覺得必須慶祝。」

「慶祝你的敵人死了？」

「當然不是，我豈是如此心胸狹窄之人，我舉杯是要慶祝我的發現：在我上台講完話之後，我跟他終於不再是敵人了。」

讓僵持不下的關係解套的奇招

如果，我們長期被頭痛、胃痛、或者是背痛所困擾。那只要有一星期，這些痛竟然都完全沒有發生，我們就會覺得這一星期好像在放假一樣。

處理得很糟糕的人際關係，就像是這裡或那裡的痛，不發作就算了，偶爾發作了，總是很惱人。

如果可以把這些人際關係整理得平順，誰會不願意呢？誰會想三不五時，就被無法預料的痛所困擾？

如果有一天，這些人際關係的痛不再造訪，那不就是人生的假期了嗎？

為什麼處理人際關係的時候，我們會處理得很糟糕？為什麼往往是我們越在意的人際關係，我們就可能處理得越糟糕？

因為當我們越在意一段人際關係時，就越計較其中的各種得失：誰對了，誰錯了？誰先對不起誰？誰應該先道歉？公平嗎？值得嗎？誰對誰比較好？誰的付出比誰多？

雙方一直僵持不下的時候，只有仰仗比人類更高一層的力量，來擺平這段關係。什麼是比人類更高一層的力量？通常是「時間」。

時間夠久，我們就會覺得累了，或者沒意思了，於是我們跟自己說「算了」。不見得是什麼智慧的增長，也不是我們變大方，只不過是時間拖太久，索然無味了，就算了。

比時間更俐落、更乾脆的力量是什麼？是「死亡」。

如果死的是你本人……呃……我們應該就不會有現在這段討論，你應該就不會正在看這段文字，除非是有人把書燒給你（好啦好啦，我知道，但沒事總是不妨練習一下開朗的面對死亡嘛）。

所以我們說的死亡，死的當然是對方，一旦知道對方死了，剎那之間會覺得，以前用盡全力、不斷用拳頭去敲的那扇總是緊閉的門，忽然消失不見了，這下再怎麼用力敲，只是敲在空氣上。

對方死了，這段關係裡的恩仇就斷了，愛恨就算了。不是我們願意這樣，是沒辦法，只好這樣。

所以延伸出來的一個有點過分、但非常有效的、整理人際關係的方法，就是想像我們要去參加對方的葬禮，而且要在葬禮上講一段話。

死亡像當頭淋下的瀑布，把我們滿頭的雜質沖去

你或許曾經親身經歷過，就算沒有親身經歷過，應該也聽過別人講：見識過了死亡，經歷過了生命的消失，會感覺自己在一夕之間長大不少。

小時候親手把寵物的屍體埋進土中，接著可能是從小寵愛自己的某一位長輩過世，或者是班上的同學遭遇了意外。只要不是新聞裡那些遙遠的、抽象的死亡數字，而是生活中聞到看到碰觸到死亡，就會免不了心頭一涼，好像被人從溫暖的小屋子裡猛的拉出去，感受到刺痛面頰的狂風。

死亡會逼迫我們反省：之前一切的執著，有沒有必要那麼放不下？死亡會逼迫我們在想起一個人的時候，不只想到對方的可惡，也想到對方的可愛或可憐。

不管再怎麼討厭對方，如果在對方的葬禮上致辭，也就沒有辦法只講壞話，一句好

話都不講。**死亡會使我們了解到，我們作為人類有多脆弱渺小。我們意氣風發的時候，所在乎的那些面子啦、身價啦、你辜負我多少啦、我照顧你多少啦，在死亡的面前，都會變得無謂可笑。**

我當然知道很多家庭在死亡面前照樣發生難堪的事，即使是在父母剛過世的床邊，也能大剌剌的上演子女爭搶遺產的戲碼，那是因為子女眼中看到的並不是死亡，而是死亡帶來的金錢重新分配的機會。那些人不會看這本書的，他們要看書，也是看如何毒死所有親戚的推理小說吧。

到對方的葬禮上去致辭，不好再講怨言，也不可能談錢，那不是談錢的場合，我們只能談我們跟對方的關係，只能談感情，好的感情與壞的感情會交錯湧上心頭，最後融合成為一篇滋味複雜的悼念之詞。

我相信大部分的人，在看到這段文字的時候，都還沒有機會在葬禮上講話。如果真的對世上某人一直抱著無法釋懷的怨念，而且被這份怨念所牽累，瀟灑不起來，那我希望你願意依照本篇的建議，設想自己受邀去對方葬禮致詞，我相信你一定會有意料之外的感受。

準備一篇葬禮上的悼念之詞，會使我們變得簡單、誠懇，回憶變得鮮明，情感變得深刻。死亡像當頭淋下的瀑布，把我們滿頭的雜質沖去。

如果我們跟爸爸媽媽的關係一直有糾葛，冷戰了好幾年不講話，那麼，以子女的立場，在心中想像一篇為他們準備的葬禮致辭，一定會喚醒我們故意對自己隱藏了很久的各種感情與回憶。

就像是終於要離開學校的最後一天，回頭看教室與操場一眼，教室裡操場上發生的蠢事與樂事，都會歷歷湧上心頭。

為自己進行的儀式，練習釋放情緒

完全沒有要詛咒任何人死掉的意思，所以請不用覺得惶恐或者大逆不道，畢竟這篇悼念之詞只會發生在你的腦中。用錯成語、或者結結巴巴、或者過於冗長、都沒有人會聽見。

這是一個我們為自己進行的儀式。

（但如果你覺得悼詞內容實在文采斐然跌宕起伏，忍不住就跑到那個還活得好好的對象面前朗誦給他聽，那麼我判斷你們的關係應該會成功的邁向另一個惡劣的高峰……）

我們需要這種練習，練習在適度的體驗了各種情緒之後，讓某些情緒走掉，另外讓某些情緒得到安放。**我們不需要成為聖人，該執著的還是可以執著，只是不必執著一輩子，不必執著到對方真的死亡的那一天。**

我們把這個重要的人生場景，提早在我們的心中排練，這次排練應該會大大降低我們的悔恨，當將來那一天真正來臨時。

想像一篇我們在對方葬禮上的致辭，我們會發現惱人的痛不藥而癒，舒坦無痛的假期，提早來臨。

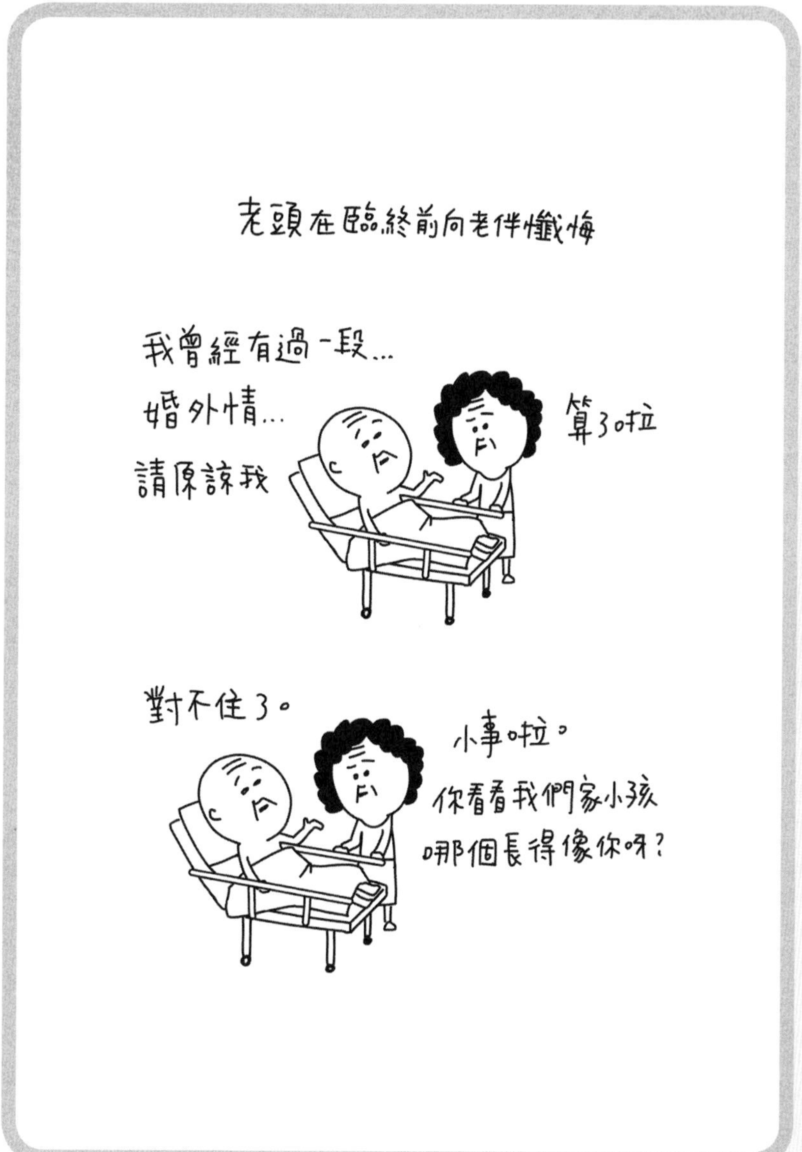
老頭在臨終前向老伴懺悔
我曾經有過一段...
婚外情...
請原諒我
算了啦
對不住了。
小事啦。
你看看我們家小孩
哪個長得像你呀?

26.

讓朋友陪你，成為更好的自己

英雄偉人是指引你人生志向的星辰，而朋友是你校對方向的座標。

酒吧老闆為了增加收入，盡量把酒吧的空間租出去。早餐時段有蛋餅小哥租下，下午喝咖啡的時間，由部落巫醫風格的老太太租下。

巫醫老太太在戶外門邊擺幾張桌子，除了供應咖啡，也提供算塔羅牌的服務，增加招徠顧客的噱頭。

今天下午有四個男客人一起來喝咖啡，但他們對算塔羅牌顯然毫無興趣。這四個男人看起來年齡各不相同，巫醫老太太很任性的判斷他們應該分別是二十五歲、三十五歲、四十五歲和五十五歲。四人有一搭沒一搭的聊著天，大部分時間都發呆一般的望著街上的風景。

當他們都喝到第二杯咖啡的時候，走來了一個大約五歲的小男孩。

小男孩很可愛，講話也很清楚，他手上拿著一張照片，照片中是一個漂亮的女人。

小男孩走到這四個男人的桌邊，對他們四個人亮出手中的照片。

「這是我媽媽的照片。」小男孩說：「我媽媽叫我拿這張照片來給你們看。」

四個男人都覺得很新鮮，看這個小男孩很可愛，於是也都面露微笑。

「你媽媽很漂亮，她跟我們認識嗎？」二十五歲男問。

「我媽媽說，你們四個人當中，有一個是我爸爸。」

小男孩講出了令人意外的話，簡直像在椅子上通了電，四個男人忽然都挺直了背。

「可不能在街上亂認爸爸呀，小朋友。」三十五歲男板著臉說。

「難道是我在二十歲的時候……？」二十五歲男皺著眉頭，望著遠方說。

「你的鼻子還跟我挺像的。」四十五歲男露出微笑說。

「你找媽媽過來，我馬上帶你們去歐洲玩。」五十五歲男開心的說。

小男孩聽了以後不知所措，轉頭望向巫醫老太太。

巫醫老太太笑咪咪的走過來，對四個男人說：

「這是我孫子。」巫醫老太太把那張照片拿在手上。「這是我念大學時的照片，見笑啦，是我拜託我孫子來逗你們玩的。我最近在寫的劇本有這麼一場戲，我寫得不太順，到處找靈感，所以想看看你們的反應。」

二十五歲男跟三十五歲男目瞪口呆，四十五歲男跟五十五歲男哈哈大笑。

巫醫老太太自鳴得意的華麗轉身，為她驚魂甫定的四位客人，端上香噴噴的第三杯咖啡。

朋友是一本有趣的書，會型塑你的價值觀

喝咖啡的這四個男人是朋友，而且應該是好友，沒什麼正經事要談，卻還是約了，無所事事的坐在一起喝咖啡發呆，是好友才會約的無目的聚會。

雖然是好友，但是對同一件事情的反應很不一樣。街上出現一個莫名其妙的小孩，要認自己當爸爸，有的人會立刻嚴肅的否認，有的人卻嘻嘻哈哈的覺得說不定是生命的轉彎出現了。

年齡與歷練會影響一個人的價值觀，我們在尋找新朋友的時候，未必能很快探索出對方的價值觀，但會比較容易知道對方的年齡與歷練。

你會選年齡歷練跟你自己相似的人當朋友，還是會選很不一樣的？

我常常被問，一個願意看書的人應該怎麼選書？

我最常給的回答是：「選那些你有點看不懂的書，勝過看那些你一看就懂的書。」—（我其實不喜歡為別人推薦書，我覺得號稱愛看書的人，不該放棄找書的樂趣。自己找書像戀愛，叫我這樣不相干的人來推薦書，那變成是相親了。）

一看就懂的書，像珍珠奶茶那樣隨口一吸就呼嚕嚕一股腦滑下喉嚨去的書，完全不會讓我們必須停下來思索一下的書，這樣的書何必多看呢？我常常看到有人炫耀他站在書店的書架前，用三十分鐘就把一本書給翻完了，不必花錢買，我都會為這個人感覺可惜，他除了享受三十分鐘免費的冷氣之外，錯過了看書最重要的樂趣：讓視野變得不一樣。

完全看不懂的書，想要硬看也沒辦法。我手邊存放著一些入門級的數學書與物理書，我就算利用無法隨意逃離的坐馬桶時間逼自己小段小段的看、慢吞吞的硬是看上一個月，也仍然看得一頭霧水。

但如果不是完全看不懂，而是有點看不懂的書，就會令我充滿期待，覺得那樣的作者是替我把眼角無痛割開再拓寬好幾公分，一邊看一邊眉飛色舞，了解到同一件事情竟然可以有這麼多不同的角度去理解，而得到這麼多不同的結論。

我也喜歡用這個標準去找朋友，不同歷練、不同年齡的人，常常讓我發現，自己原本的想法有多麼狹窄、多麼乏味、多麼一廂情願。

我們從小到大，被家人灌輸了一些價值觀，被老師灌輸了一些價值觀，被上司灌輸了一些價值觀，被客戶灌輸了一些價值觀，被這些人灌輸價值觀的時候，我們都是被動的、沒得選擇的。我們並不是因為欣賞這些人的價值觀，才跟他們相遇以及相處，我們是因為被生下來被送進學校，因為要領薪水做生意，才跟這些人相遇並且相處，沒得選擇的被對方灌輸了價值觀。

這樣比較下來，就知道來自朋友的價值觀，是多麼珍貴啊（這裡說的朋友，也包括戀人）。在尋找朋友的時候，我們是有得選擇的。我們也許沒有清晰的察覺，可是往往我們就是衝著對方的價值觀，才跟對方做朋友的。而且，在當朋友的過程中，我們跟朋友的價值觀會互相影響，就像靠近的兩棵不同的樹，表面看起來各長各的，但其實這兩棵樹各自影響著所在的土壤，透過土壤也就影響了另一棵樹的生長。這在各種人際關係當中，是非常特別的一種機會與經驗。

如同我們選擇感興趣的書一樣，我們不再是被灌輸價值觀，而是邀請對方，來參與我們這一輩子對自身價值觀的塑造。

對不同對象，本來就該懷抱不同的期望

二十五歲的人跟五十五歲的人，雙方適合做朋友嗎？

如果對方的狀態吸引你，對方的觀念也對你有啟發，那當然適合。

不同的年齡一定會有不同的視野（不同的性別當然也會，只是你也知道，有些伴侶就是無法容忍另一半有異性的朋友）。二十五歲的人，可能擔心自己在五十五歲的人面前會顯得很膚淺，或者很怕五十五歲的人動不動愛說教，不過我的經驗不是這樣。

我所生長的老派家庭氣氛，使我大量參與長輩們應酬的場合，我看過他們在不應該喝醉或者吵架的場合喝醉了吵架了，這時我知道他們不是什麼長輩，只是一個年紀變大的人，他們身上的脆弱或憤怒都依然在，可是年紀會使他們散發出「一切無非就這樣」的放鬆氣息，這種氣息給了我很大的安慰，讓我對某些事沒那麼焦慮。然後他們也願意很爽快的告訴我：生活的真相與我想像的不同。我很清楚的記得，有一次為了跟他們爭辯一個字的讀音，我把厚厚的字典翻開來給他們看，然後他們笑著說：「讀什麼音都沒關係，別人知道你在說什麼就好了。」我頓時醒悟自己有夠無聊。我現在回想，相信我當時的種種固執或幼稚，對他們來說也是一種樂趣。對已經不在乎的人來說，面前依然認真看不開想不通的人，一定也散發著某個程度的耀眼生命力吧。

小時候的這種經歷，使我後來選朋友的時候，非常重視對方是否能夠啟發我。我做事情往往沒有章法，所以做事步驟果斷凌厲的人非常啟發我；我心猿意馬，什麼都想試試，一點也不專注，所以專注且見過世面擅長潑冷水的人，也很啟發我；我對人常常缺乏耐心，所以對人溫暖有耐心的人，特別吸引我；我花在工作的時間遠超過營造生活情趣，所以懂生活情趣的人，也非常吸引我。（吸引我的種類可真不少啊……）

這些朋友不只是幫助我校對我的方向，他們甚至參與制定了我的方向，但我在接觸過的其他人身上，往往得到的是別的東西，而不是這些啟發。我親身體會到，我們本來就應該對人際關係的不同對象，懷抱不同種類的期望。比方說，家人更多應該是拿來愛的，而不是拿來聽從的；對一起工作的夥伴，要建立專業上的信任，卻未必要建立友誼等等。

祕密是連自己都忽略的、思維的橫剖面

我在那本《為你自己活一次》裡，寫了很多我對於「做自己」的建議，但沒什麼機會談到友誼。現在，在這本書裡，我希望可以陪大家一起，認真的想像一下友誼在人生的地位。

有什麼辦法可以一邊活，一邊校對我們的人生方向？我們當然可以抬頭看天空的星

辰。我們從小嚮往的英雄偉人，應該就是那些星辰。可是回到地面上的時候，我們更需要身邊有其他真正同步在生活的人，當成我們校對方向的參考座標。

街旁的路人或媒體報導的名人，雖然也有值得參考的地方，可惜這些人不太會告訴我們，他們做決定的真實過程。而朋友會告訴我們，**朋友在互相傾訴感情親情的煩惱、學業工作的困擾、或身體的病痛時，其實就是把他們思路的橫剖面，揭露給我們看。**

我聽過一些二十歲以下的人告訴我，他們的人生沒有祕密，他們沒有隱瞞過任何事情。是的，我相信。然而，祕密並不見得是故意隱瞞的事情，祕密往往就是那些我們自己都會忽略的、思路的橫剖面啊。

所謂分享祕密之後，才能真的成為好友。那些祕密通常不會太戲劇化，不會是曾經被綁去飛碟上植入晶片，或是被蜘蛛咬過以後開始能噴出蜘蛛絲那種等級的祕密。**朋友之間分享的祕密，多半就是我們在做各種決定的過程中，思路與感情的橫剖面。**

朋友就是你的地圖座標

有史以來長篇連載的日本經典漫畫，都非常強調「熱血」。所謂的熱血，只發生在兩方面：主角對自身夢想的熱血，以及主角與夥伴之間的熱血。大家在《航海王》及

《火影忍者》裡都看過無數熱血的名場面，如果因為看了這些漫畫，覺得朋友之間一定要達到如此熱血的程度，那當然就會對自己生活中的友誼，感到過於平淡。

可是，我們本來就是日常生活的人，沒有要去當海賊或忍者，沒有那些生死相許兩肋插刀的機會吧（我是說兩邊肋骨真的讓刀插進去哦）。

比起這些長篇漫畫，《哈利波特》系列的小說，對友誼的描寫倒是令人意外的樸實得多，同時又很細緻。哈利波特跟他身邊最親密的兩位好友，三人的個性與在乎的事情其實差異很大，他們三人每次發生爭執的起點，一定就是那個各自只有自己懂的、做決定的內心過程，所以會老是說出：「我必須這麼做，為什麼你就是不懂？」然後當然就吵架了。但在彼此影響之下，他們又漸漸培養出共同的信念。

我聽過很多人說，他們不知道活著要做什麼。這個困惑很普遍，也很真實，完全不必羞於啟齒。有這種感受的人，很多已經被家人跟老師灌輸過價值觀了，這表示已經灌進腦中的價值觀，不管用。**如果你也常常不知道活著要做什麼，在找朋友的時候，可以考慮方向感明確的人。你既然暫時沒有方向，也就會暫時沒有自己開車的欲望，那就姑且坐在別人開的車的後座，看看風景，也一起感受一點開車前往某處的樂趣。說不定坐著坐著，多看一些路上的風景，就漸漸會有想法了。**

不必用謠傳中的最高標準，來審核自己的人生，也不必用謠傳中的最高標準，來審核自己的人際關係。那種東西，讓漫畫或電影的主角去完成就夠了。

我們要的是心裡明白，恰如其分。

如同我在《為你自己活一次》裡所建議的：不是用力控制情緒，而是感受情緒、懂得安排，進而達到平靜；不必用力追求太常被高估的快樂，而是在平靜之中體會喜悅。

在如此日常的生活裡，朋友不必在偉大的航道上，真的被搞到為你兩肋插刀。而是恰如其分的，在你的地圖上扮演著可供參考的座標，或者讓他開著車，載著你兜兜風。

你不知道朋友的啟發，能把你帶到多遠，就像我每翻開一本我很期待的書，我也不知道這本書能夠帶我到多遠。

但起碼，我們都不再只是停留在原地發呆了。

別讓你生命中的人白來一場

寫到這裡，我想到我小時候的朋友。當時根本沒想過世上有「人際關係」這個字眼，本能的感覺「別人都好有趣」，即使同學中真的有凶惡與骯髒的人，也都感覺有趣，一廂情願的想像他們都是從故事書裡走出來的人（確實是書呆子的想法，盼諸君賞個白眼，一哂而過即可）。

我小時候的幾個難忘的朋友，其中一個找我去游泳，我說我不相信水，他就示範了像浮屍那樣、臉朝下靜靜漂浮在水上。他那一整天都沒打算要我游泳，他自己也都不游，就陪我在泳池裡當浮屍，我從那天開始，能夠公平的看待水。

第二個朋友被我拉著一起編學校刊物，結果刊物違背了校規，學校要記我過，這個朋友根本沒有接觸刊物內容的事，但他知道我要被記過時，要求學校也把他一起記過。

第三個朋友跟我同一寢室，他看我有陣子神經過於緊繃，一天早上四點半把我叫醒，拉我到學校的樓頂去，在黑暗中對著天空站好，等太陽出來。

那是我第一次親眼看到太陽一絲一絲的從遠方的雲裡面跑出來，完全跑出來的那一瞬，我的心也被照亮了。

跟這三個朋友，我後來都沒有保持連絡。我猜他們也都早已忘記我提起的這些事，但他們在我身上留下的痕跡一直都在，某些時刻，我仍會不由自主的想到當時的水、當時的自己、當時的陽光，然後就默默的鬆一口氣。

如果你讀過《小王子》，你就會知道，雖然小王子後來和狐狸分開了，但因為他們的相遇，從此麥田與腳步聲，對狐狸來說有了不同的意思；而小王子也終於明白了為什麼他那朵玫瑰是唯一的玫瑰。

這是你的人生，除了做自己，沒有其他可做的。**不要讓你生命中的人白來一場，讓他們帶你去你原本不知道的遠方，讓他們陪伴你成為比你原本想像中更好的自己。**

小華20分 小明30分
怎麼辦
我好像
考0分
我也是吔
老師會不會
覺得我作弊啊?

康永的跋

最後，我想說：

只有當你看了這本書，這本書才存在。

你就是這本書所賴以存在的人際關係。謝謝你。

Eurasian Publishing Group
圓神出版事業機構
用心與你對話・視野無限寬廣
如何出版社
Solutions Publishing

www.booklife.com.tw reader@mail.eurasian.com.tw

Happy Learning 179

蔡康永的情商課2—因為這是你的人生

作　　者／蔡康永
插　　畫／好笑刺青店
發 行 人／簡志忠
出 版 者／如何出版社有限公司
地　　址／台北市南京東路四段50號6樓之1
電　　話／（02）2579-6600・2579-8800・2570-3939
傳　　真／（02）2579-0338・2577-3220・2570-3636
總 編 輯／陳秋月
主　　編／柳怡如
專案企畫／賴真真
責任編輯／柳怡如
校　　對／蔡康永・柳怡如・張雅慧
美術編輯／劉鳳剛
行銷企畫／詹怡慧・曾宜婷
印務統籌／劉鳳剛・高榮祥
監　　印／高榮祥
排　　版／陳采淇
經 銷 商／叩應股份有限公司
郵撥帳號／18707239
法律顧問／圓神出版事業機構法律顧問　蕭雄淋律師
印　　刷／祥峯印刷廠
2019年10月　初版
2024年9月　66刷

定價350元　ISBN 978-986-136-538-1

所有與別人的相處，
都是爲了讓我們這個僅有的、獨一無二的自己，
能夠活得更自在，而不是更委屈。

——《蔡康永的情商課 2》

情商課音頻

◆ **很喜歡這本書，很想要分享**

圓神書活網線上提供團購優惠，或洽讀者服務部 02-2579-6600。

◆ **美好生活的提案家，期待為您服務**

圓神書活網 www.Booklife.com.tw，非會員歡迎體驗優惠，會員獨享累計福利！

國家圖書館出版品預行編目資料

蔡康永的情商課 2：因為這是你的人生／蔡康永 著
-- 初版 -- 臺北市：如何，2019.10
264 面；14.8×20.8公分 --（Happy Learning；179）

ISBN 978-986-136-538-1（平裝）
1. 情緒商數　2. 情緒管理

176.5　　108011105